aquim

Família Aquim

aquim
Uma família apaixonada pela gastronomia

Fotos Alexander Landau
Texto Suzete Aché

Aquim, uma família apaixonada pela gastronomia ©Luiza Aquim e Rodrigo Aquim

Direitos desta edição reservados ao Serviço Nacional de Aprendizagem Comercial – Administração Regional do Rio de Janeiro.

Vedada, nos termos da lei, a reprodução total ou parcial deste livro.

SENAC RIO

Presidente do Conselho Regional
ORLANDO DINIZ

Diretor do Departamento Regional
DÉCIO ZANIRATO JUNIOR

EDITORA SENAC RIO
Av. Franklin Roosevelt, 126/604
Centro – Rio de Janeiro – RJ – CEP: 20.021-120
Tel.: (21) 2240-2045 – Fax: (21) 2240-9656
www.rj.senac.br/editora

Editora
ANDREA FRAGA D'EGMONT
(andrea.degmont@rj.senac.br)

Coordenação de produção
CYNTHIA AZEVEDO
(cynthia.azevedo@rj.senac.br)
KARINE FAJARDO
(karine.fajardo@rj.senac.br)

Assistente de produção
ANDREA AYER
(andrea.ayer@rj.senac.br)

Texto
SUZETE ACHÉ

Copidesque
CYNTHIA AZEVEDO

Revisão
KARINE FAJARDO

Projeto gráfico
COMUNICAÇÃO INVITRO / MARCELO CORTAZIO

Aberturas e legendas
COMUNICAÇÃO INVITRO / BRUNO CHAVES

Editoração eletrônica
FA EDITORAÇÃO / FATIMA AGRA

Tratamento de imagens
Ô DE CASA

Fotos
ALEXANDER LANDAU

Fotos da guarda e páginas 37, 46, 50, 51, 52, 56, 57, 58, 59 e 66
RENATA XAVIER

Produção culinária
SAMANTHA AQUIM E COMUNICAÇÃO INVITRO / BRUNO CHAVES

Cerâmicas para receitas
FÁBIA SCHNOOR

Comercial
(comercial.editora@rj.senac.br)

Impressão: Pancrom
1ª edição: novembro de 2005

CIP-BRASIL. CATALOGAÇÃO-NA-FONTE
SINDICATO NACIONAL DOS EDITORES DE LIVROS, RJ.

A667a
   Aquim, (Família)
      Aquim: uma família apaixonada pela gastronomia
/ [texto Suzete Aché ; fotografia Alexander Landau]. – Rio de Janeiro: Editora Senac Rio, 2005.
144p. ; il. ,
29cm x 29cm

ISBN: 85-87864-78-5

1. Aquim (Família). 2. Aquim Buffet – História. 3. Buffet (Culinária). 4. Culinária. 5. Gastronomia.

05-3132   CDD 642.40981531
                         CDU 642.4 (815.31)

Este livro é dedicado a Luiza e Ricardo Aquim, que fizeram de nós uma família.

Apresentação do Senac Rio

Despretensiosos almoços de família foram o ponto de partida para revelar o talento para negócios de todos os membros da Família Aquim no ramo da banqueteria. Pouco tempo depois, o Buffet Aquim já conquistara mais de 1.500 clientes. Entre jantares e bufês em eventos importantes e nas melhores festas da sociedade carioca, as delicias gastronômicas da família seduziram os paladares mais requintados.

A partir daí, graças à criatividade e à competência gerencial da família, o empreendimento desenvolveu-se e hoje é um exemplo, não só para os empresários e profissionais da área, como para todos os empreendedores do setor de comércio de bens e serviços em geral.

Da cozinha de casa à cozinha industrial, com equipamentos de última geração e uma equipe de vinte funcionários fixos, este livro conta a história da família na realização de banquetes. Com texto da jornalista Suzete Aché e fotos de Alexander Landau, este livro inclui os comentários de quem sabe e gosta do que faz e, o mais importante, as deliciosas receitas da jovem chef Samantha Aquim.

Descubra os segredos gastronômicos e do sucesso do Buffet Aquim e desfrute dos prazeres da verdadeira boa mesa com *Aquim, uma família apaixonada pela gastronomia*.

Orlando Diniz
Presidente do Conselho Regional do Senac Rio

Apresentação

Aquim, uma família apaixonada pela gastronomia não é apenas um livro sobre as artes da banqueteria. Das panelas às páginas, são reveladas aos leitores as delícias de um receituário rigorosamente selecionado, ao lado da história de uma gente vencedora e feliz com o que sabe fazer. Diga-se, antes de tudo: eles se entendem muito bem. Chega a ser tocante ouvi-los falar do entrosamento de suas aptidões em tão afinada *expertise*. Luiza, a mãe – também artista plástica e poeta nas horas vagas – ostenta o mérito de ter descoberto a vocação familiar nesse ramo. Além da incumbência de manter a sintonia do conjunto, é dela quase sempre a palavra final. A voz sensata e experiente que freia possíveis arroubos dos jovens sócios, seus filhos.

Tomando conta das questões estratégicas, Rodrigo e Rafael (o popular Rafinha) asseguram a eficiência por trás da cena. Mas é Samantha, a filha única, a figura central de todo o enredo gastronômico e responsável pela parte mais sensível da operação. Sorte das sortes, para a família e para o negócio! Enfrentando as panelas (e nos bufês elas não são poucas), a jovem chef consegue mostrar seu encanto pela cozinha de cores e paladares equilibrados, dando como prova a mágica de fazer suas preparações parecerem pratos à la carte.

Por tudo isso, este livro surge como a consagração da lida em família, em que a difícil síntese da realização culinária com o talento empresarial não acontece por acaso, mas como fruto da articulação de um empreendimento tocado a oito mãos.

E aí está, para quem concorda que a cozinha não resulta apenas do deleite da gula, mas algo que, como os Aquim ensinam, serve principalmente para banquetear o espírito e unir pessoas.

Rodolfo Garcia
Crítico de gastronomia

12 Prefácio **16** Em Torno da Mesa Farta **26** Luiza Acorda para a Fantasia **34** A Família Veste o Avental **39** O Primeiro a se Apaixonar **40** O Ingrediente Estratégico

42 Vontade de Voar   48 A Arte de Receber   54 Nos Bastidores do Espetáculo Gastronômico   66 A Assinatura da Família Aquim   68 Receitas   142 Glossário

É sempre um prazer escrever o prefácio de uma obra sobre gastronomia. E é uma grande honra se esta obra é assinada pela Família Aquim.

Conheci a Família Aquim através de Samantha, em Paris. Foi na Cidade Luz que Samantha percebeu a magnitude da vida profissional à qual jurou fidelidade. Mas graças à família, Samantha é uma apaixonada pelo seu *métier* desde sempre.

O olhar dos Aquim brilha quando eles falam de um produto da feira ou de um simples croissant pur beurre. Eles não deixam nada ao sabor da sorte: sabem que a perfeição passa, obrigatoriamente, pela seleção dos melhores ingredientes. Dia após dia, eles se enriquecem com segredos da culinária para elevar sua arte a padrões cada vez mais altos.

Os Aquim são brilhantes tanto na cozinha quanto na confeitaria, mas foi por meio do serviço de bufê que lhes foram abertas as portas do sucesso. Agora, dividem conosco o melhor do seu conhecimento. As receitas que nos presenteiam neste livro são sublimes como as fotos que as representam. Fico com água na boca só de ler as primeiras páginas!!! Estou certo de que você encontrará nesta obra o prazer simples e gourmand que representa a arte culinária. Ousar fazer uma receita é, de certa forma, já ter sucesso com ela.

Obrigado à Família Aquim por serem tão apaixonados e por nos transmitirem suas emoções com esta magnífica obra.

Ton ami gastronome.

Phillipe Gobet
Meilleur Ouvrier de France en Cuisine
Directeur de l'Ecole Lenôtre
Membre de l'Académie Culinaire de France
Membre de l'Académie Française du Chocolat

"Quando você encomenda uma festa,
você encomenda um sonho.

É nosso ofício realizá-lo."

em Torno da Mesa Farta

Desde o primeiro negócio da família, no comércio de secos e molhados, já havia o hábito da celebração.

Talvez devêssemos começar a contar a história pelos ancestrais lá de Piau, no interior de Minas. Ou pela grande casa no Cosme Velho, onde pessoas de origens e idades variadas viviam entre coqueiros, bananeiras, banheiros sempre ocupados, cachorros latindo e panelas no fogão o dia inteiro. Toda saga tem um começo e nessa família não podia ser diferente, mas a verdadeira força dos Aquim se forja, todos os dias, em torno da mesa de almoço do escritório, onde seus quatro principais membros – Luiza, Rodrigo, Rafael e Samantha – se reúnem em refeições que, segundo eles, são apenas frugais. Vá lá. O franguinho grelhado e o filé ultramacio até podem ser classificados dessa maneira, mas não há como esquecer a textura do purê de batata-baroa, o sabor especial do arroz basmati ou as combinações mais que perfeitas da saladinha caseira. É nessas reuniões gastronômicas (e podia deixar de ser alguma coisa que não tivesse relação com comida?) que trocam idéias, relatam os acontecimentos do dia anterior, traçam planos, organizam menus e discutem. Sobre tudo, sobre todos e, às vezes, pode até sair um "quebra-pau".

Mas eles dizem que sabem separar família e negócios, conta Samantha, a chef do bufê e a mais nova integrante do staff, além de ser a mais moça dos irmãos.

Para mim é muito importante ouvir a opinião deles. Quando o concílio diz que está aprovado, aí eu faço. Uma vez fiquei indecisa, sem saber se usava chuchu cru numa receita. Pensei, pensei, até que a Luiza passou, olhou e perguntou por que eu não usava o chuchu cru. Pronto. Foi o que bastou para me sentir segura. Ela é criativa, zela pela harmonia do grupo. É a ombudsman de nós todos. É mãe.

Samantha acredita que tem a melhor mão da família, mas consegue traçar um panorama bastante sintético do grupo: "Eu e mamãe somos o coração, Rafael são as pernas e os braços e Rodrigo é a cabeça." Pode ficar mais claro?

Luiz Mangoni deu início à história da Família na pequena Piau, cidade do interior de Minas Gerais.

Para chegar a ser uma empresa de organização impecável, cujo foco reside na oferta de alta gastronomia, o caminho foi longo. Vale a pena contar do princípio. Como um conto de fadas. "Era uma vez..." um armazém de secos e molhados, a Casa do Mangoninho, muito conhecido entre os moradores da cidade de Piau, em Minas Gerais. Luiz Mangoni, um imigrante italiano que veio tentar a sorte no Brasil, como muitos outros compatriotas seus, nunca imaginaria estar iniciando uma dinastia dedicada à comida. Seus tataranetos se orgulham das origens, da mistura de sangue português e italiano que depois foi apimentada com o libanês. Luiza, que não chegou a conhecer o armazém do bisavô, se recorda com saudade do tempo de criança:

> Morávamos numa casa enorme, com mais de 15 pessoas, pois, nessa época, os membros da família costumavam morar juntos na mesma casa. Éramos seis irmãos, meus pais, meus avós e mais cerca de cinco empregados. A confusão era permanente e tinha sempre alguma criança chorando ou alguma comida sendo preparada. Todos se reuniam em torno da mesa farta, com muitos pães e doces. Eu era muito gulosa e vivia na cozinha ajudando minha avó, que era quem decidia tudo o que iríamos comer.

Nessa hora de intimidade, a menina curiosa adorava ouvir as histórias sobre o armazém e a família. Sentava-se a seu lado, ficava espiando-a bater e esticar a carne para fazer a bracciola, que era recheada com legumes e embutidos além da farinha de rosca. E quem costurava os rolinhos que depois seriam cozidos num panelão? Ela, lógico, que ficava horas manejando a enorme agulha com linha especial, para desespero de sua mãe, que tinha pavor de que ela se machucasse. Numa dessas conversas, ficou sabendo como os avós tinham se conhecido. Ele, um caixeiro-viajante português, levava as novidades da capital para o interior e, entre a entrega da manteiga e a da farinha, se apaixonaram e casaram.

Meu avô se alfabetizou sozinho e se correspondia com vários políticos. Costumava escrever poesias e repeti-las para mim. Acho que foi assim que desenvolvi o gosto pela escrita. Já escrevi mais de trezentas poesias que estão guardadas em vários caderninhos. Quem sabe um dia ainda consiga publicá-las?

Outra de suas diversões era acompanhar as compras da família, tão grandes que tinham de ser colocadas em caixas em vez de sacolas. Fora as caixas da Confeitaria Colombo, que chegavam quase toda semana, cheias de guloseimas. Saíam com o Sr. José, o motorista, e voltavam carregadas com os produtos da lista caprichosamente escrita pela avó Magú, com uma letra tão bonita que nem parecia uma lista de compras. Verduras, frutas, peixes, frangos, ovos frescos iam sendo escolhidos a dedo, e a carne estava sempre separada no açougue do jeitinho que era encomendada. "Quando chegávamos, começava a preparação, e eu, como a mais velha dos seis irmãos, tinha permissão para participar da execução do menu e até de utilizar a faca para ajudar a cortar o peixe e a carne."

Luiza Aquim nas aulas de balé já demonstrava a vocação para o espetáculo.

Sempre com muita necessidade de trabalhar com as mãos, a Luiza adulta continuou fazendo incursões na cozinha, mas também se dedicou a outras receitas. Foi professora de pré-escolar e depois de artes.

> Tenho alma de artista e vejo beleza onde outros não enxergam nada. Gosto de transformar as coisas. Quando tenho que preencher algum papel em que perguntam a profissão, escrevo lá: artista plástica. É como me sinto mais confortável.

Com tanta imaginação e energia, ela resolveu participar de concursos para testar os próprios limites e se não chegou a tirar o primeiro lugar, ganhou várias menções honrosas. Uma vez chegou a produzir mais de cem máscaras – uma maneira de exorcizar os mil personagens que viviam em seu interior. Em casa, escrevia poesias em cartolinas e pregava pelo corredor. Era a sua galeria. No fim de semana, tinha aglomeração e congestionamento. Todo mundo queria ler o que estava escrito. Tinha vezes que pregava as tais poesias no banheiro. A turma se divertia a valer.

Sua produção mais brilhante, entretanto, foram os três filhos, nascidos da união com o advogado Ricardo Aquim, de uma tradicional família árabe. "Ele era minha alma gêmea. Sempre combinamos em tudo." Tão afinado era o casal, que, para se divertir, inventava pratos deliciosos. Os amigos adoravam partilhar de sua mesa, e o apartamento de Copacabana onde moravam vivia lotado. Tinha até banquinho reserva para acomodar os gulosos de última hora, atraídos pela simpatia e pela fama dos exímios cozinheiros. Mas, com os filhos crescendo, o espaço ficou apertado. Foi quando a casa do Cosme Velho, a mesma onde Luiza passou a infância, acabou ficando grande demais para a família que vinha minguando, através dos casamentos de seus membros. Ricardo e Luiza não pensaram duas vezes: mudaram-se de malas e panelas. "Quando voltei a viver na casa da minha infância, os cheiros dos pés de fruta, as salas, a cozinha, os jardins me traziam tantas recordações, que cheguei até a trocar os nomes de meus filhos pelos de meus irmãos."

Não dá ainda para fechar com "e assim foram felizes para sempre". Até porque a história ainda está longe de terminar. Mas eles foram muito felizes na nova-velha casa de uma bucólica ladeira carioca. Mãe moderna, Luiza era o produto típico dos anos 1970, onde a liberdade de expressão era lema de vida. As crianças tinham permissão para trazer os amigos a qualquer hora e essa política acolhedora fazia do lugar o *point* mais freqüentado do bairro. Era uma farra. Melhor ainda porque ela era uma espécie de animadora do grupo, brincava com todos e inventava coisas do arco-da-velha. As festas temáticas eram as preferidas e as mães estavam pro-i-bi-das de participar. "Numa das festas, pedi que todos fossem de roupas velhas, noutra, que vestissem fantasias feitas de papel-jornal. Tinha até cabo-de-guerra e eu desenhava tudo com giz. Os meninos adoravam!" Os pequenos Aquim, obviamente, foram se diplomando em pintar o sete. Eram tantas travessuras que volta e meia os colégios chamavam os pais para uma conversinha. Achavam as crianças, especialmente os meninos, criativos demais. Não tanto pelo estímulo dado por Luiza – que os levava às aulas de arte – mas pelo grau de peraltices que aprontavam. No entanto, um programa que os meninos adoravam era fazer compras no supermercado. Iam, cada um com o seu carrinho, contentes da vida, achando tudo o máximo. Queriam vê-los cheios até a boca. Porque a cozinha também teve parte importante em suas vidas. A mãe, tal como sua avó, deixava que entrassem, participassem e preparassem tudo o que lhes agradasse. "Fazíamos um prato de arroz com ovo inesquecível. Era a nossa gororoba," conta Rafael, que parece quietinho, quietinho, mas é o mais brincalhão da trinca. Só para constar, seu apelido era *kamikaze*, pois não tinha medo de nada.

Os Aquim aprendem a celebrar desde cedo a exemplo da pequena Luiza.

"Vovó não se cansava de desfiar histórias

sobre a família."

"A minha tia-avó, que era levada da breca, caiu em um tacho de goiabada e ficou, literalmente, 'afogada', com as perninhas para cima balançando, até ser resgatada pelo pai que lhe aplicou umas boas palmadas."

Luiza Aquim

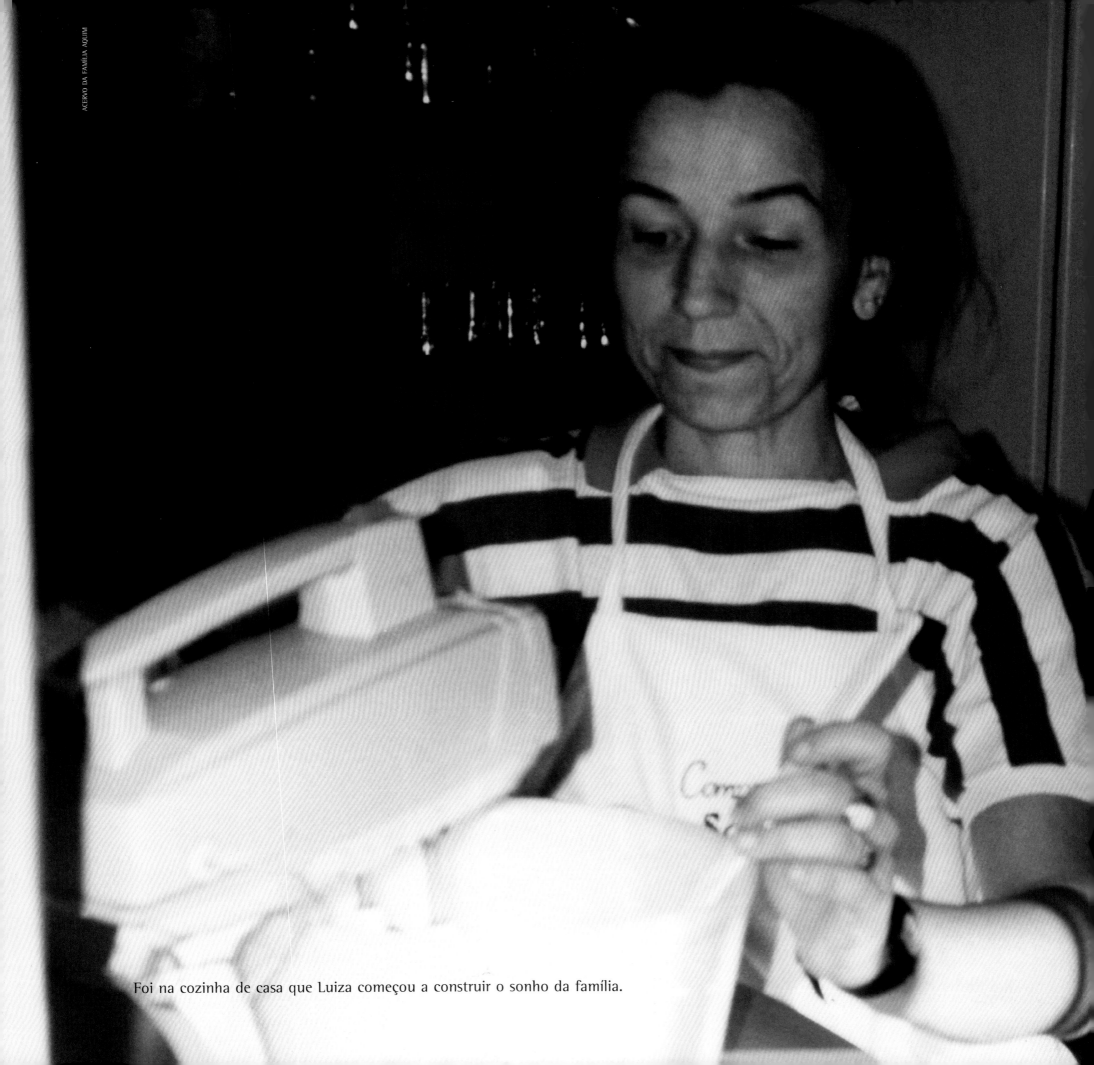
Foi na cozinha de casa que Luiza começou a construir o sonho da família.

Luiza acorda para a fantasia

Como nada na vida é perfeito, Luiza teve um dia que inventar uma outra maneira de conseguir esticar o orçamento para poder fazer frente às despesas com a grande casa e os filhos. Com boa visão espacial e facilidade de composição, ela começou a delinear um novo caminho. "Sempre consegui fazer um manjar dos deuses com o que tivesse na geladeira e tenho muito jeito para receber as pessoas." Em sua amada cozinha, preparava tortas de limão e de chocolate que eram embaladas em caixas vermelhas de polionda para a trinca mirim vender no colégio. Depois vieram os salgados, outros docinhos, bolos quadradinhos até que Luiza partiu para a preparação de congelados. Enquanto isso, Ricardo estava na Espanha, para onde tinha ido como consultor jurídico montar uma fábrica, passando a dividir seu tempo entre o Rio e Madri. Quando a saudade apertou e a distância ficou insuportável, a família se preparou para atravessar o Atlântico e fez planos de estabelecer-se por lá. Luiza pediu demissão da escola quase ao mesmo tempo em que o projeto da fábrica espanhola fracassava. Foi uma reviravolta do destino. Retomar a carreira foi difícil para o patriarca, que já andava com a saúde abalada. Luiza então se dedicou à comida com mais empenho, mas foi só depois do casamento do irmão caçula, Francisco, que a empresa latente se destacou.

Ele conseguiu que o Monsenhor Bessa, da Igreja São Judas Tadeu, celebrasse o casamento em nossa casa, um feito dificílimo porque não são mais permitidas as cerimônias fora das igrejas. Tudo foi feito por mim, com a ajuda da família inteira. Foi o maior sucesso e, depois disso, tive a certeza do que era capaz. Os convites para organizar outros eventos começaram a aparecer e iniciamos um trabalho de catering em várias empresas. Muitas delas são nossas clientes até hoje.

Ricardo então arranjou um sócio e ficou à frente do restaurante da Coca-Cola, enquanto Luiza seguia seu novo trabalho, bem mais profissional.

A cumplicidade característica dos Aquim começou com Ricardo e Luiza.

As comidas árabes e italianas eram as *pièces de résistence* do menu de Luiza, que fazia jantares e almoços na casa dos clientes na base do amadorismo. Graças a Deus tudo dava certo. Quando precisava, levava até o seu faqueiro e o faqueiro da irmã para as festas. O caseiro ia colocando as coisas dentro da Belina e os garçons se encontravam no próprio local do jantar. "Rodrigo ficava com vontade de ajudar, mas ainda era adolescente e dizia que assim que tirasse carteira, ia dirigir o carro para mim." Provavelmente todos os "chiques e famosos" que hoje saboreiam as delícias do Aquim – presidentes, ministros, príncipes sauditas e até a rainha da Noruega – também iriam gostar do tempero incrementado que Luiza colocava em seus pratos já naquela época. Mas a alma de artista estava lá, louca para se soltar e participar de todas as maneiras. Quando a chance apareceu, Luiza agarrou-a de unhas e dentes. Era um coquetel no Museu Histórico onde haveria uma exposição sobre Ambulantes do Rio de Janeiro promovida pelo Serviço Social do Comércio (Sesc).

No início, Luiza transformou a cozinha da família na produção do novo negócio.

Assim que foi convidada para fazer o evento, enfurnou-se na biblioteca do museu e passou três dias pesquisando. Resultado: serviu comidas típicas daquela época e vestiu garçons e garçonetes com roupas iguais às dos quadros de Debret que estavam expostos. Naquele tempo, os ambulantes vendiam galhos de arruda, pedacinhos de frutas, e os tabuleiros de doces eram muito procurados. Pois os convidados quase derrubaram a moça que distribuía a arruda. Todo mundo queria! A mídia adorou e foi então que Luiza teve certeza de que a família Aquim teria sucesso em sua jornada.

Passei a sentir a força de um gigante e posso me gabar de ter sido pioneira nessa área. Tratei o evento como se fosse uma peça de teatro em que tudo se encaixava em completa harmonia e quando todos pareciam fazer parte de um balé, entrando em cena na hora certa. Coloquei até um garçom anunciando: Olha a banana, quem vai querer?

A partir desse dia, o Aquim se destacou não só pela qualidade de seu cardápio mas também pela capacidade de criação da *mis-en-scène*. O trabalho passou a ser lucrativo e as viagens foram conseqüências inevitáveis, trazendo mais conhecimento para Luiza, que começou a se sofisticar. A criatividade também foi crescendo. Encantada de poder trabalhar com a fantasia das pessoas, ela estava sempre imaginando produções caprichadas para "acompanhar" as comidas. Em outra de suas festas marcantes, cujo tema girava em torno da música, ornamentou as bandejas com instrumentos musicais. O cliente gostou tanto que afirmou que a festa valia o dobro do preço que ele havia pagado.

Tio Antonio e Tio Neto, irmãos de Luiza, são fiéis colaboradores e parte indissociável do sucesso da família.

Mas dois dos eventos mais interessantes ela montou para a abertura de exposições de artes plásticas. A primeira foi para Andy Warhol. Aumentou os rótulos das sopas Campbell's e colou em torno de panelas cilíndricas. Nelas serviu... sopas. Nos aventais, reproduções dos quadros do artista eram uma extensão ambulante (e apetitosa) da mostra. Já para a abertura da exposição de Salvador Dali, o investimento veio no visual surrealista: todos os garçons vestiam gravatas com estampas de seus quadros e usavam bigodes à la *façon* do mestre. Seu empenho nas produções sempre foi tão grande que chegou ao extremo de rodar na garupa da bicicleta do jardineiro do Jardim Botânico, que ia explicando e ensinando quais eram as folhas que iam encontrando pelo caminho. A cesta voltou cheia de folhas secas e a cabeça cheia de idéias. "Fiz um menu todo baseado em folhas que ficou maravilhoso."

Mais um exemplo? Num coquetel para uma empresa de computadores, não teve pudores em remexer uma sucata para resgatar monitores inúteis. Pintou todos, colocou a logomarca e confeccionou aventais de lamê prateado com um bolso no qual havia um CD.

Aqui cabe uma pausa para esclarecimentos. Com os filhos ainda estudando, Rodrigo foi, aos 18 anos, o primeiro da prole a entrar para a equipe do Buffet. Veio se juntar aos tios Francisco e Antonio Carlos Cardoso Guedes, ajudantes de mão-cheia e prontos a resolver qualquer problema. Até hoje, depois de tantos anos, eles continuam firmes ao lado dos Aquim. "Tio" Antonio, engenheiro, é responsável por toda a manutenção da empresa. Trabalha quase diariamente com eles e criou todo o mobiliário e os equipamentos exclusivos. Se querem resolver problemas de espaço, "chama o tio Antonio".

Ou seja, tio Antonio é uma espécie de faz-tudo com grife. Indispensável. Ele faz protótipos do que precisam utilizar, testa antes e produz desde os pranchões usados nos coquetéis até a caixa de fórmica que foi fixada dentro do carro para transportar a comida. "Temos oito pias portáteis que levamos para lavar pratos e copos e foi o Antonio que bolou. Acho que um diferencial da nossa empresa é que ela investe na elaboração e confecção do material e o cliente valoriza quando vê a logomarca impressa." O mobiliário volante chama a atenção, pelo menos, dos que transitam pelos bastidores de uma festa.

O que não aparece, é, entretanto, o que pode salvar um evento do fracasso. Francisco, o irmão mais moço, aquele do casamento que acabou sendo o pontapé inicial na carreira do Aquim, pode não estar disponível o tempo todo, mas sempre que a coisa aperta é ele quem vai ajudar. Físico, professor em vários colégios, ele possui um "*kit* colaboração" do qual retira peças fundamentais como conexões para água, multímetro e pequenas ferramentas. Zela para que tudo saia a contento no local dos eventos e, em virtude de suas interferências, o índice de falhas do Aquim é mínimo. "Ele nos salva de tudo. Improvisa quando precisa e resolve tudo rápido como o Rodrigo deseja." Quando um funcionário detecta que alguém vai precisar de alguma coisa, nem titubeia. Vai logo afirmando que "o tio Neto tem".

Mesmo depois do sucesso, a rotina da família não mudou: todo dia é dia de botar a mão na massa.

Tio Neto (o neto é porque a família tem inúmeros Franciscos) já está mais do que calejado nas situações difíceis. Numa festa promovida na praia, a cozinha teve que ficar instalada sob o palanque, mas, na hora de servir, parecia a tempestade no deserto. Areia para tudo que é lado. A solução foi arrumar plásticos para grudar no teto com fita gomada e isolar o local das passadas arenosas dos convidados. Nenhum salgadinho ficou batizado. Graças ao tio Neto, que já emprestou vela para um padre oficiar cerimônia e linha e agulha para uma convidada consertar o vestido. Um dia, faltou luz durante uma festa e a energia não voltava de jeito nenhum. Pois tio Neto deixou os carros ligados para poder, com os faróis, iluminar todo o local da comida.

"Até as

As papi
Muitas vezes uma co

madeiras de meus filhos
ram incrementadas.
nh.s, hum... eram deliciosas!
lherzinha escapulia da boca das crianças para as nossas!"
Luiza Aquim

o Avental

Os três irmãos acreditam que estavam predestinados a trabalhar com comida. São gulosos e adoram encostar a barriga no fogão. Muitas vezes ganhavam comida de presente do pai, preocupado em estimular o gosto dos filhos para a boa mesa. A primeira vez que trouxe caviar, explicou tintim por tintim o processo, ensinou como cortar o limão e até mesmo como fazer os blinis. O tempo da gororoba já vai longe e, agora, cada um tem uma especialidade. Rodrigo afirma que seus risotos são de primeira categoria e Rafael é um pizzaiolo nato, inventando as misturas mais mirabolantes. Já Samantha, bem, ela faz de tudo, e a dúvida cruel é identificar sua preferência. "Adoro trabalhar com peixe." Rodrigo, muito precoce, resolveu preparar um jantar para a família quando tinha apenas 11 anos.

Um dos segredos da família é a intensa troca de idéias durante a criação dos menus.

Errou quem pensou que o menu era uma macarronada ou uma massinha banal. O menino foi direto ao livro de Paul Bocuse e extraiu de lá uma receita de filé com sauce béarnaise, o que lhe valeu vários pontos com a tia Angela, de quem ele guarda até hoje uma carta de agradecimento. Tantos talentos em ebulição tinham realmente que acabar juntando as forças. A primeira experiência surgiu durante um batizado. Com o marido Ricardo doente, Luiza não teve tempo de preparar nada. Pois os adolescentes meteram mãos à obra, assumiram a confecção dos mil sanduíches encomendados e a dona da festa nem ficou sabendo de nada.

Apesar de a mãe achar que Rodrigo é um advogado nato e poderia se dedicar ao que quisesse porque daria certo, todos afirmam que ele tem mesmo é alma de empresário e, para exemplificar, contam a vez em que, aos oito anos, resolveu vender borrachinhas perfumadas. Resultado: conseguiu juntar duzentos dólares. Comprava as tais borrachas numa loja atrás do colégio (fugia para fazer as compras!) e revendia aos colegas. Depois dessa bem-sucedida operação, ficou freguês. Ganhou do pai um estojo cheio de lápis, borrachas, marcadores e outras coisinhas que as crianças adoram, comprado no El Corte Inglés, na Espanha. Como tinha livre acesso à sala dos professores, já que da quinta à oitava série foi representante de turma, entrou um dia com o tal estojinho que deixou uma das professoras encantada. Não teve dúvidas. Perguntou se ela queria comprar, vendeu o seu exemplar na hora e foi recebendo encomendas de dezenas de outras mestras passadas ao pai, que, diligentemente, comprava e trazia quando voltava de viagem. Sucesso absoluto.

Mais tarde, conseguiu revender 150 camisas feitas na confecção caseira de um primo que trabalhava no setor com uma modelagem que estava super na moda. Mas o mais surpreendente ainda estava por vir. Fã dos filmes da série Star Wars, Rodrigo colecionava todos os bonecos, de Darth Vader a R2D2. Quando vislumbrou a possibilidade de negociá-los, nem titubeou e vendeu tudo para uma loja.

Com o DNA do comércio em suas veias – herdado dos dois lados de sua árvore genealógica – o primogênito dos Aquim bem que tentou se afastar do negócio da família. Começou aos 18 anos e foi o primeiro dos filhos a ser seduzido.

> Não era isso que tinha projetado para minha vida, mas me afeiçoei à dinâmica do Buffet. Foi uma paixão que teve que ser moldada aos poucos. Acabou sendo um casamento feliz entre o comércio e a comida. E a vontade de comer!

Parece difícil de acreditar que a dúvida alguma vez tenha existido quando o vemos circulando entre os convidados dos cerca de sessenta eventos que a empresa realiza por mês.

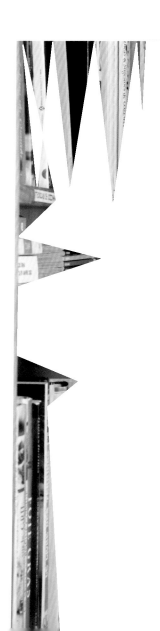

Atento, discreto, sedutor, amigo dos poderosos e dos nem tanto, ele é detalhista ao extremo. A ponto de desencostar a cadeira do escritório para que a parede não fique com marcas. Nas festas, enquanto cumprimenta uma senhora que se desmancha em elogios ao falar dos canapés, mantém o olhar atento ao balé dos garçons e, se tem alguma restrição ao andamento do serviço ou alguma outra consideração, o faz discretamente. "Sou perfeccionista e fico nervoso não importa o tamanho do evento." Casado, curioso, Rodrigo se interessa por tudo e pode discorrer sobre qualquer assunto sem medo de cometer erros. Adora *design* e decoração e é fanático por arrumação. O peralta da infância tem uma rotina extenuante de trabalho – no mínimo 14 horas por dia e muitos fins de semana – mas está feliz com suas responsabilidades. Como se não bastasse toda a administração e estratégia que desenvolve para a empresa, ainda acumula a função de presidente da Associação de Bares e Restaurantes do Rio de Janeiro (Abrasel). Está mais do que na cara que ele nasceu para isso e sua tenacidade está transformando o Aquim num dos melhores bufês do Brasil.

"A empresa começou da boa vontade e responsabilidade individual e fomos crescendo durante os anos. Nosso estilo hoje se traduz em uma comida bem-cuidada, refinada e sofisticada, aliada a um serviço impecável. Sou um amante da gastronomia e dou muito valor às coisas boas."

"Eu e mamãe somos o coração; Rafael, nossas pernas e braços; e Rodrigo, a cabeça."
Samantha

O primeiro a se apaixonar

Enquanto a empresa estava ancorada apenas no talento e na criatividade de Luiza, Rodrigo foi amadurecendo e, sentindo necessidade de expandir seus horizontes, resolveu fazer um curso no Culinary Institute of América (CIA), uma espécie de Harvard da culinária, onde ficou algum tempo aprendendo tudo o que podia. Dentro e fora do curso. Encantou-se com todo o mundo novo que se descortinava e teve tempo livre para a reflexão. Chegou à conclusão de que, para crescerem, tinham que se dedicar à alta gastronomia, que seria o diferencial entre seus pares. Resolveu transformar o Aquim num grande negócio. "Senti necessidade de abrir meus horizontes e ampliar meus conhecimentos. Mas entre ser um chef e um empresário, optei por ser empresário."

Durante toda a sua infância, quando não estava jogando bola de gude, futebol ou botão, Rafael estava aprontando alguma coisa. Arteiro demais da conta. Só a cabeça costurou mais de cinco vezes e quase todo dia chegava com algum lugar do corpo esfolado. Luiza afirma que ele era o mais levado dos três filhos e, ao mesmo tempo, o mais sensível deles. "Seu séquito de admiradores é enorme e, apesar de ninguém ter o mesmo nome que ele na família, todo mundo o chama pelo apelido de Rafinha." Guloso, não pode, porém, ouvir falar em jaca que já começa a dar risada. Por quê? A fruta sobrava no quintal da casa, tantos eram os pés que tinham sido plantados. Quando a mãe passava temporadas com o pai na Espanha, as jacas eram diariamente transformadas em pratos pelo tio Antonio, que ficava cuidando da criançada. Ele fazia variações em torno do mesmo tema e era jaca no café, jaca no almoço e jaca no jantar. "Jaca tem vários sabores, pregava ele para economizar e nós é que sofríamos."

O ingrediente estratégico

Pois o capetinha da turma, que largou a faculdade de Engenharia de Produção para poder ajudar o pai num restaurante dentro da Coca-Cola, continua com o mesmo ar travesso de garoto, especialmente quando fala do Flamengo, sua paixão. Se pudesse, estaria todos os dias vestido com a camisa do clube. Chega até a comemorar seu aniversário com festas temáticas: sempre o time de coração! O divertido congraçamento que promove entre garçons, motoristas e cozinheiros do Buffet no final do ano também é quase imutável: churrascos animados com peladas que têm até camisas personalizadas. Responsável pela logística das festas – passa horas no computador preparando cada passo dos eventos dos quais participam – mantém um equilíbrio impressionante diante de qualquer situação e, por mais pressão que esteja sofrendo, fica calmo e consegue passar confiança tanto para os clientes quanto para os funcionários, para os quais se tornou um ídolo por sua capacidade de ouvir e entender. Ajuda como pode e quando alguém tem algum problema, sabe que pode contar com um ombro amigo para desabafar. Nunca se irrita e sabe direitinho o que cada cliente deseja.

Samantha confessa que quando quer preparar uma receita mais mirabolante é ele que impõe o limite e ela acaba concordando, porque reconhece a experiência do irmão. Conta também que, graças a Rafael, a empresa tem tranqüilidade de preparar no mesmo dia um almoço para mil, dois jantares para cem, um coquetel e, às vezes, muito mais. Quem diria... Agora é o mais tranqüilo dos irmãos, o mais brincalhão, se adapta a qualquer situação e nunca se queixa de nada. "Estou convicta de que ele é uma das pessoas mais felizes que conheço. Precisa de muito pouco para estar alegre," diz a mãe.

Com o pai, passou a trabalhar na administração do restaurante da Coca-Cola ("meu pai era um artista nos negócios") e, quando Ricardo se transferiu para o restaurante da Unisys, Rafael ficou e foi tocando o negócio. "Foi quando passei a ter responsabilidade e a minha vida mudou. Larguei a faculdade para poder administrar bem o restaurante." Mas foi só em 1999, com a doença do pai, que Rafinha botou seu pezinho flamenguista no Buffet e é peça indispensável para azeitar seu funcionamento. Sem horário certo de trabalho, ele vai pessoalmente a 99% dos eventos e fica quase sempre até o final, certificando-se, quando precisa sair mais cedo, de que tudo fique a contento. Alguns clientes chegam a agradecer dizendo que a cozinha fica muito mais limpa depois que eles saem. Afirmando que leva tudo às últimas conseqüências, o estrategista dos Aquim resolve problemas com rapidez e se arrisca na cozinha, mas tem consciência de suas limitações. "Minhas invenções agora são sanduíches. Sei cozinhar, conheço todos os processos e, quando erro, sei onde foi. O que me falta é prática." Deve ser por isso que vive beliscando e a-do-ra a comidinha de sua mulher, outra cozinheira de mão-cheia.

"Quando era adolescente fazia competição com meus amigos para ver quem comia mais pães de forma. Uma vez acabei devorando um pacote inteiro."

A jovem psicóloga Samantha foi vítima do terrorismo no Oriente Médio. Mas não saiu ferida, muito pelo contrário. Em vez de percorrer o Nilo e perder-se na contemplação das pirâmides, foi convencida pela mãe dos perigos da viagem por aquelas paisagens de mais de cinco mil anos e mudou de rumo: resolveu fazer um curso de culinária na Itália. Sábia decisão. Não ficou "a ver múmias" mas mergulhou de cabeça nas alcachofras, pastas, prosciuttos e altre delizie, de onde emergiu com o fermentinho de chef começando a se desenvolver.

Vontade de Voar

Mas até isso acontecer, muito papo-cabeça rolou. Afinal, psicólogo que se preza precisa encontrar explicação para tudo. Até uma engenheira química ela contratou para entender direitinho o "funcionamento" dos alimentos. Por conta disso, quem sabe, não é fã de comida fusion?

A menina que brincava com panelinhas e se arriscava na cozinha de verdade à qual tinha livre ingresso, escolheu uma profissão que nem de longe se parecia com a que os pais ganhavam a vida. Foi ser psicóloga.

> Foi minha primeira decisão quando virei um ser pensante. Era, e é, uma certeza. Desde pequena sou famosa pela minha alegria, por ser gulosa, mas, sobretudo, por estar sempre em busca dos significados.

"Acho que tudo sempre vai dar certo. Preciso de alguém que me puxe para a Terra. Deve ser influência da minha mãe, que sempre teve vontade de voar."

Mas, se alguém fosse fazer uma análise profunda, descobriria pistas do que seria o seu futuro. As aulas de neuroanatomia na faculdade, em que os cérebros eram fatiados para estudos, era das que mais gostava. Sem saber, já estava aí se preparando para cortar, com precisão cirúrgica, legumes, carnes, frutas e outros alimentos. Outra pista: aos 18 anos, tomou conta de um café no Museu Histórico Nacional. Ou seja, a negação existia, mas quem é que pode escapar do destino? Depois de terminada a faculdade, entrou para uma empresa multinacional de computadores. Teve que adaptar a teoria acadêmica e transformá-la em valor agregado, fazer apresentações, projetos, palestras e viagens. A própria miniexecutiva em estágio de produção.

Pois o tal curso de culinária terminou por mudar o "curso" de sua vida. Fez a mãe jurar que não ia obrigá-la a passar os dias no fogão mas, na volta, se divertia preparando jantares para os colegas. Tudo tão gostoso que muitos insinuaram que ela poderia até ser chef. "Quando falavam isso, eu rebatia e perguntava se estavam ficando loucos." Nas férias seguintes, surpresa! Pagou do próprio bolso uma segunda etapa no Italian Culinary Institute for Foreigners (Icif), instituto de gastronomia italiana sediado no Castelo Costigliole D'Asti, ao norte da Itália, numa imersão cultural e gastronômica. Estava fisgada, apaixonada.

A alegria de Luiza se completou com a vinda de Samantha, a última dos irmãos a se render à vocação da família.

"A criatividade não manda recado, às vezes as idéias surgem nos momentos mais inusitados", comenta Samantha.

Um mês depois de retornar pediu demissão, resolveu se profissionalizar e escolheu a École Lenôtre, especializada em serviços de catering, criada por Gaston Lenôtre e um dos mais conceituados bufês da Europa. Ao trocar a vista do Pão de Açúcar pela iconográfica Torre Eiffel, Samantha descobriu um novo mundo cheio de aromas, texturas e sabores. Durante sete meses viajava de Paris, onde alugou um apartamento, até Plaisir, onde ficava a escola. Pode ser mais apropriado o nome da cidade? Prazer, prazer, prazer. Foi realmente só o que sentiu enquanto aprendia tudo sobre confeitaria, padaria, canapés, amuse-bouches, carnes, peixes e molhos. O primeiro prato que fez como chef foi assim que voltou da França. O pai estava doente e, para espantar um pouco a tristeza, resolveu cozinhar para a mãe, os irmãos, as cunhadas, a avó e o tio. Preparou um purê de feijão-vermelho e filé de atum com redução de balsâmico deglaçado com mel. De sobremesa um macaron, coisa que ela adora e é uma de suas especialidades. "Foi desastroso. Não adaptei direito os ingredientes e o biscoito virou um bolo. Todo mundo comeu, adorou e lambeu os beiços! Sem ter uma comida preferida – só não gosta mesmo é de bife de fígado – Samantha confessa um fraco por azeites. Compra de todos os tipos.

Entre os chefs que admira estão, especialmente, aqueles que influenciaram a sua formação – se bem que ela acha que estará em formação durante toda a vida. Quando fala de Gilles Maisonneuve seus olhos se enchem de lágrimas. Excelente patissier, tem no currículo os melhores endereços de Paris. Segundo ela, fez o mais importante, que foi prepará-la para aprender. "Ele dá sem questionamento até a última gota de sua energia para ajudar alguém que se dispõe a percorrer o caminho. Ensina tudo, desde a postura numa cozinha até o maior truque ou técnica." Acredita que só depois de passar por essa "iniciação" é que foi capaz de reconhecer seu "amado mestre", Jean Bernard Fichipan e a cozinha que considera sua "Meca". A descrição do rapaz? "Ele é de uma elegância admirável. Discreto, sempre traz um sorriso no canto da boca.

Além de ser um cozinheiro de mão mais do que cheia, é um ser humano especial." Conta a chef que, durante suas aulas, ele falava tantas coisas interessantes que, entre as anotações de suas receitas, ela incluía milhares de frases do mestre.

"Vi muitos grandes chefs pedirem sua ajuda, e ele, humilde, nunca se vangloriou do quanto sabe. Ao contrário, diz que 'tudo é fácil quando se sabe fazer!' Ele me acompanha diariamente e não é raro me ver repetindo suas frases."

Mas foi depois de assumir seu posto no negócio da família que descobriu no diretor da escola, o chef Phillipe Gobet, um ombro amigo. Contou muitas vezes com a sua ajuda e seu incentivo. Também apaixonado pelo mundo da gastronomia, ele está sempre conectado com o que está acontecendo e funciona como uma mola propulsora para Samantha. "Quando acho que estou chegando um pouquinho mais perto, me lembro dele e sei que o caminho ainda é muito, muito, muito longo. Com sua postura ele nos instiga a ir além."

A lista é longa e entre eles estão Jean Louis Clement, Thierry Atlan, Philipe Girard e Vincent Mary. "Cada um deles mostrou, a seu modo, o quanto esse caminho é trabalhoso e exigente mas, também, o quanto é gratificante quando se tem amor pelo que se faz. Eles são homens que amam e eu os admiro imensamente."

Depois de tantas declarações de amor culinário, Samantha ainda encontra mais explicações para sua paixão.

"Como em psicanálise, cozinhar é se deliciar com o processo de renovação que acontece na sua frente. É enxergar a simplicidade das coisas e permitir que cada alimento dê o melhor de si. É criar condições para que exista uma harmonia entre eles. Sem dúvida é um ato de muito amor."

Pois agora ela distribui amor todos os dias e tem uma profissão que está lá, no Larrousse Gastronomique, entre cheddar e *chemisier* e pertinho de *chayotte*, o nome francês para o nosso chuchu: chef de cuisine, ou seja, diretor responsável de uma brigada de cozinha. Freud explica, não é verdade?

"Nossa casa sempre foi conhecida no bairro. Parecia um clube, cheia de amigos e parentes. Todo dia era uma festa. Luiza deixava que brincássemos à vontade."

Rodrigo Aquim

a Arte
de receber

Quanto maior o evento, maior o esforço para empreender o padrão de qualidade exigido pela família.

Nove entre dez festas e coquetéis mais badalados do Rio de Janeiro fazem questão de contratar o Buffet Aquim para que os convidados tenham um momento de descontração perfeito. Pode-se dizer, sem exagero, até inesquecível. Como o que aconteceu na festa da Cartier, num hangar do aeroporto do Rio de Janeiro, para festejar os cem anos do relógio Santos. Depois de pensar muito sobre o que poderia surpreender os convidados, Samantha criou umas pirâmides transparentes, feitas de fava de baunilha com folhas de ouro, pensando na pirâmide do Louvre. Valeu a pena quebrar a cabeça para arrumar uma fórmula que desse certo. Os doces ficaram maravilhosos e foram o *talk of the town* durante muito tempo.

"Amor, gula e ingredientes de primeira."

Os franceses, então, adoraram. O custo unitário do tal docinho foi parar na boca do povo, que não deixou pirâmide sobre pirâmide. Era um tal de "Já comi R$ 120" e "Pois eu estou nos R$ 180 e ainda vou comer mais!", que acabou merecendo mesmo cada centavo do que custou.

Outra história engraçada aconteceu na festa de abertura do *site* de um apresentador famoso. Samantha descobriu que a noiva dele estava grávida e que adorava brigadeiro. Fez então a gulosa bem colorida, que ficou com aspecto pavoroso, mas a moça viu, comeu e amou.

Sempre procurando satisfazer a todos e atender da melhor maneira possível, o Aquim não mede esforços e parece mesmo dispor de mil feitiçarias. No *réveillon* de 1999-2000, foram chamados para preparar uma festa no Forte de Copacabana – em que estariam o então Presidente Fernando Henrique, governadores, prefeitos e ministros – e mais 17 festas na mesma noite. Para garantir que as bebidas estivessem sempre geladas, colocaram uma pessoa de bicicleta que ia distribuindo gelo em todos os lugares, porque, motorizado, seria impossível circular pela orla. No dia seguinte, exausto, Rodrigo embarcou para o seu curso nos Estados Unidos.

É inegável que a responsabilidade da empresa com a excelência de seus serviços é enorme. Começa pelos fornecedores, a maioria descoberta por Ricardo, que chegou a trabalhar com a família durante três anos antes de falecer, em 2004. Segundo Samantha, ir à feira com o pai, um gourmand, era um programa e tanto. "Ele ia primeiro até o fim da feira, conversando com os vendedores e provando tudo. Só comprava na segunda passada, depois de ter observado bem, para melhor escolher os produtos."

Se, até o ano 2000, o Aquim era muito ancorado na criatividade e no profissionalismo de Luiza, depois que Rodrigo voltou do curso em Nova York, resolveu dar uma guinada rumo à alta gastronomia. A mãe, uma empreendedora que nunca teve medo de apostar e que conseguiu passar esse sentimento para a família, estava preferindo atuar nos bastidores para ficar mais tempo com o marido, por isso deu total liberdade para que o filho gerisse o Buffet e transformasse o negócio da família numa empresa de luxo. Nunca questionou nada.

Em 2001, o Aquim já tinha dobrado de tamanho e estava normatizado. O cardápio foi se refinando aos poucos e atingiu seu ponto alto com a entrada da nova chef, em 2003, que além de personalizar as receitas, chegou com um padrão muito alto de exigência. Samantha fazia parte da nova estratégia e seu curso na França foi financiado para que ela ocupasse um espaço vital, pois eles precisavam de um chef e ela, sendo da família, seria mais do que adequada. Pois a mais nova integrante da equipe chegou botando para quebrar. Tantas idéias tinha que o tempo não chegava para pôr em prática o que aprendera. Mas, aos poucos, a rotina começou a ser criada e agora tudo funciona como uma máquina bem azeitada. Do tipo um por todos e todos por um.

Assegurar a satisfação de até cinco mil convidados
é uma arte que reside em cada detalhe.

Temos compromisso total com a qualidade dos produtos, com as receitas e com todo o processo de produção. Até mesmo os pães são fabricados por nós. Eu crio, testo e depois revejo tudo com minha equipe e, durante o teste, chamo todos para validação e para apurar o sabor. Eles provam tudo o que eu crio. Nada é estanque, mas moldado de acordo com a nossa demanda e por meio de nossa gerência direta. Já para o desenvolvimento de novas linhas existe um trabalho de formiguinha feito diariamente.

Ao contrário de algumas empresas, praticamente toda a comida é preparada pela equipe da casa, sendo somente o serviço de garçons terceirizado, apesar de o time ser praticamente exclusivo em virtude do grande número de eventos para os quais são solicitados. Quem escolhe o Aquim sabe que vai ter o melhor e mais original. Pode ser um prosaico picadinho de filé mignon com bananas fritas e batatas crocantes (que terá sempre uma apresentação diferente e um sabor delicioso); exóticos rolinhos vietnamitas de arroz, manga, pepinos e cebolinha ao molho de gergelim; ou um simples quindim.

Para uma empresa que cresce cerca de 30% ao ano e que já atendeu festas com mais de cinco mil pessoas – o que se traduz, só em canapés, em mais de sessenta mil peças –, o Aquim tem uma estrutura que funciona praticamente sozinha composta por cozinheiros, ajudantes, confeiteiros e padeiros. Quase todos estão com a família desde o começo, como Francisco e Antonio Jorge Ferreira, irmãos, cozinheiros, oriundos de Reriutaba, no Ceará. Chiquinho chegou primeiro e, entre ele e Luiza, foi amor à primeira entrevista. Ele diz que ali só aprendeu coisa boa. Cozinha cerca de meia tonelada de molhos por dia, todos variados, e já chegou a fazer uma tonelada para uma festa. De 8 horas às 18 horas está preparando as delícias que vão encantar paladares exigentes, especialmente as massas e os pães, nos quais é um craque. "Faço de tudo e, apesar de termos que provar as comidas que fazemos, existem algumas que não consigo gostar, como ostra, salmão, escargot, haddock e foie-gras." Com o que concorda Antonio, 24 anos, confeiteiro, que veio passear no Rio e, no dia seguinte à sua chegada, foi convocado pelo irmão a trabalhar no Buffet. "Encarei um tanque cheio de louça e estou aqui há cinco anos. Faço de tudo, mas gosto mesmo é de patisserie e não quero voltar para o Nordeste de jeito nenhum."

"Quando as crianças eram pequenas, todos os lanches eram preparados pelo pai, Ricardo.

Tudo era muito especial. Até hoje lembramos de seus ovos mexidos com leite, pizzas incrementadas e uma sacadura recheada. Mas suas sopas eram deliciosas e a que mais gostávamos era a de camarão."

Luiza Aquim

A Família se preocupa em treinar todos os profissionais envolvidos nos eventos. Tudo para preservar a magia de cada momento.

nos Bastidores do espetáculo gastronômico

Essa equipe é responsável pelo cheirinho irresistível que se espalha pela casa onde funciona a empresa e deixa os vizinhos e visitantes morrendo de fome. Na saleta de entrada, três fileiras de diplomas, em três idiomas diferentes, atestam a experiência dos membros e, nas portas, a criatividade de Luiza é patente: estão cobertas de utensílios de cozinha numa colagem lúdica e divertida. Samantha, além de comandar a turma toda da cozinha, fica no atendimento acompanhada de Rafael e Rodrigo, ajudando na confecção do menu, elaborando orçamentos e analisando os desejos dos clientes. Às vezes, ela bem que tenta criar um cardápio mais luxuoso, no que é trazida rapidamente de volta à Terra pelo irmão, que sabe até que ponto lhes é permitido sonhar. Atendem aos pedidos mais diversos. Casamentos, coquetéis, jantares, almoços, coffee-breaks estão entre os mais comuns e os menus conseguem agradar a gregos e troianos. "O mais normal é que tenham 12 variedades de canapés e quatro doces, estes, indispensáveis. Tem gente que só contrata por causa dos doces," acredita Rodrigo. O mais interessante é que Samantha sempre cria umas três receitas diferentes a cada evento para testar a aprovação entre os clientes.

Criamos o tempo todo, somos um celeiro de novas idéias. Não é raro o Rodrigo lembrar que é preciso concentração num só caminho. Isso acontece em todas as áreas, pois estamos sempre tentando otimizar os processos administrativos. Nossa força vem desse time e, apesar de sermos muito capazes individualmente, juntos ganhamos com a diferença.

De qualquer forma, a cozinha funciona com três dinâmicas constantes. Todo dia parte da equipe está finalizando algum cardápio, focada nos detalhes de acabamento, decoração e no preparo de produtos perecíveis, como as saladas. Uma outra parte fica constantemente repondo a produção, preparando e armazenando produtos como canapés e bombons. E sempre existe alguém trabalhando no desenvolvimento de novos produtos. A estratégia do planejamento e da logística não deixa escapar nenhum detalhe.

A coreografia desenhada pelos Aquim é executada com rigor a cada nova *performance*.

Como conhecem praticamente quase todos os lugares onde são realizados os eventos, nem sempre sentem necessidade de ir antes ao local. Uma vez fechado o projeto, listam todo o material que será necessário, fazem contato com os garçons e com o maître, que invariavelmente é Ronaldo Mendes da Costa, há anos militando nas fileiras do Aquim. *Freelancer*, ele já trabalhou em outros bufês, mas agora está sempre presente nos eventos da empresa. É considerado da família. Olhos atentos, um meio sorriso nos lábios, o maître chega sempre bem cedo para coordenar o pessoal, dividi-lo por áreas, para que nenhum flanco fique desguardado. "Um garçom é encarregado só da limpeza e os outros alterno para a comida e a bebida. Não deixo que os copos sujos se acumulem e estou sempre controlando o andamento do serviço." Ronaldo fica até toda a função terminar e, muitas vezes, Rafael, que é responsável pela logística, o acompanha. É ou não uma vida dura?

Para um coquetel, os funcionários costumam chegar de cinco a seis horas antes e, para jantares, especialmente nas residências, a antecedência é de quatro horas. As comidas são acondicionadas em caixas térmicas, importadas, que vão sendo empilhadas no mobiliário exclusivo, desenvolvido por eles e com a logomarca do Aquim. Quem se aventurar pelos bastidores do evento vai se surpreender com os milagres que eles conseguem fazer. Normalmente o lugar destinado à comida é sempre pequeno e acanhado, mas eles não se apertam. Quer dizer, apertados sempre ficam, mas dão a impressão de estar numa supercozinha. Vale a pena visitar esses espaços nos dias de festa. É de cair o queixo descobrir como conseguem operar milagres. Não serão eles, por acaso, guardiões também do segredo do pó de pirlimpimpim? Nada fica fora do lugar, nada se acumula, nenhuma sujeirinha ou copo usado é vislumbrado no ambiente. Quando é possível, pranchões são montados para servir como mesas em que ficam dispostos os copos, e os fornos são instalados para que os canapés possam ser preparados. "A média é de um funcionário para cada cinco clientes e todos precisam estar vestidos com a nossa logomarca," acrescenta Rodrigo, que acha que as coisas só funcionam quando existe um sistema e é rigoroso na organização de cada detalhe. "Quando se chega a um certo nível, tudo tem que ser da melhor qualidade. Ter a melhor colherzinha, o melhor sabor, a maior criatividade. Tudo tem que ter embasamento."

Isso, realmente, não falta. As pesquisas por novos sabores são contínuas e, para que uma receita seja incluída no menu, a família toda tem que aprovar. A chef busca novidades todos os dias, seja em artigos em jornais e revistas especializadas que assinam, seja por meio da Internet ou de livros que compõem a bem-montada biblioteca do escritório. Além disso, ela troca informações com chefs de diversos países e com amigos de profissão que, em muitos momentos, são verdadeiros anjos da guarda. Em recente coquetel, todo à base de comidas brasileiras, os pasteizinhos de feijão causaram uma certa estranheza. Depois da primeira prova, correu um frisson entre os convidados e não houve quem deixasse de querer provar a iguaria. Que, diga-se de passagem, é mesmo uma delícia. Foi, é óbvio, um sucesso. O mesmo obtido pelo macaron feito especialmente para uma marca francesa de bolsas com o logotipo impresso, que demandou um esforço enorme para que ficasse perfeito. Até hoje, chefs e convidados morrem de curiosidade de saber o segredo da técnica, que é guardado a sete chaves.

Além dos sabores, o que encanta em seus cardápios é a pesquisa feita para que exista harmonia entre a comida e o motivo do evento. Para cada ocasião, preparam um menu condizente. Um dos mais *fashion* foi produzido para o lançamento de uma linha de jóias que girava em torno de um felino de pelagem negra. Não houve titubeio. Entre os pratos servidos estavam minirréplicas do animal com o monograma da marca e uma grande variedade de canapés entre os quais se incluíam quadradinhos de queijo de cabra com gergelim preto, creme de queijo-de-minas com caviar de tapiocas negras, cogumelo refogado com molho de ostras, pastelzinho de feijão (olha ele de novo!) com molho de pimenta, minibeiju com funghi seco e quiches de azeitonas negras. Tudo combinando com o tom da noite. E pensam que foi só isso? Pois os presentes ficaram boquiabertos com tanta imaginação em torno de uma só cor: quando chegaram o penne nero com queijo de coalho ao perfume de coentro e o risoto de funghi porcini, era possível observar o espanto dos convivas. Que chegaram ao delírio com o repertório de doçuras, entre elas, brigadeiros em veludo preto cintilante e sopa de lavanda com amoras.

Como em uma companhia de teatro ou em um grupo de dança, os bastidores fervilham antes do espetáculo.

Não é raro produzirem eventos bem ao gosto carioca, descontraídos e descolados: organizam festas de botequim, com comidas que remetem às que são servidas em qualquer barzinho do Rio, só que com a marca da sofisticação do Aquim, na qual o caldinho de feijão não pode faltar, assim como o escondidinho, o sanduíche de filé com queijo e até o biscoito Globo.

Para sorte dos convidados, dependendo da festa, alguns modelos-garçons circulam também com a função de deleitar os olhos. Numa delas, o ruivo alto, de travessa no cabelo, despertava tanta atenção quanto o beiju com bobó de camarão que servia, enquanto o mulato esguio, cheio de trancinhas, circulava com um sorriso tão encantador que não houve quem se recusasse a provar o tal pastelzinho de feijão. Claro que tudo sem perder a classe ou deixar entrever qualquer tipo de intimidade com os convidados.

Rodrigo tem certeza de que é preciso ter estilo em tudo. Ele circula à vontade entre os convidados e vai sendo cumprimentado por todos enquanto supervisiona o serviço. Dá uma paradinha para conversar com seus inúmeros conhecidos, para ouvir elogios, escutar as novidades e tem sempre uma palavra gentil para todos. Com discrição e postura de *gentleman*, que foi incorporada a toda a equipe. Tanta preocupação com a qualidade fez com que ele chegasse ao cúmulo de desenvolver um processo de tingimento dos palitos para que ficassem pretos e no quesito bebidas não ficou atrás: um profissional especializado foi contratado para dar aulas sobre drinks para os funcionários.

cozinhando,
cheia, mas quando vai embora, dá aquela fome."
Chiquinho
Cozinheiro da Família Aquim

"Criamos o tempo todo,

somos um celeiro
de novas idéias."

Samantha Aquim

MÃOS
Poema de Luiza Aquim

Mãos dadas, mãos separadas, Mãos que caminham lado a lado. Que seguram ou que largam. Mãos finas, delicadas, Mãos grossas, rudes. Mãos expressivas que gesticulam em auxílio à palavra. Mãos agressivas que batem pra mostrar a dimensão da raiva. Mãos dadas, mãos separadas, Mãos que caminham lado a lado. Mãos que se acarinham, quentes se roçam ou se apertam E todo o corpo sente o reflexo. Mãos que trabalham, fortes, tão fortes. Que sozinhas contam uma história. Mãos que experimentam, tocam e sentem. Mãos que apóiam o movimento. Mãos dadas, mãos entrelaçadas, mãos que plantam e que colhem. Mãos que seguram um filho, que indicam o caminho, que confortam a alma. Mãos que agridem, que batem e que matam. Mãos que vingam. Há mãos e mãos. Mãos dadas, mãos separadas. Mãos que caminham lado a lado. Minhas mãos escrevem agora ajudando a deixar gravada a percepção que tenho das milhares de mãos que existem. Sãos mãos e mais mãos. Mãos que aplaudem, Mãos que cozinham mãos que se escondem atrapalhadas, mãos que pintam, que esculpem e mãos que escrevem. Agradeço às minhas mãos que me permitiram tantas coisas, inclusive escrever tudo que senti.

Depois de conhecer a história da família que construiu uma empresa com amor e competência – sem falar na gula – o melhor de tudo é cair de boca nas receitas que eles resolveram compartilhar com os leitores.

Bon apétit!

a Assinatura
da Família Aquim

Tartare
de palmito pupunha com castanha-do-pará

Corte o palmito em quadrados de 0,5cm.

Reduza* o suco de laranja à metade.

Prepare um vinagrete com o suco de laranja, o azeite e o vinagre de arroz.

(para cada porção de vinagre, use 3 porções de azeite).

Misture todos os ingredientes

Sirva com um fio de azeite extravirgem.

canapés 69

Para 4 Porções

15 fatias de palmito pupunha assadas
suco de 2 laranjas
vinagre de arroz a gosto
100g de castanha-do-pará picada grosseiramente
sal e pimenta-do-reino a gosto
azeite extravirgem

creme de cenoura
com leite de coco e especiarias

Coloque a cenoura em uma panela e cubra com água. Acrescente os grãos de coentro e deixe cozinhar em fogo baixo por aproximadamente 30 minutos.

Quando a cenoura estiver cozida, transfira para o liqüidificador, guardando 100ml da água do cozimento. Acrescente os demais ingredientes, reservando 50ml de leite de coco e bata até obter um líquido homogêneo. Retifique o tempero. Bata a água do cozimento reservada com 50ml de leite de coco até formar uma espuma.

Antes de servir, cubra o creme de cenoura com a espuma de leite de coco.

Utensílio necessário: liqüidificador.

quadrado

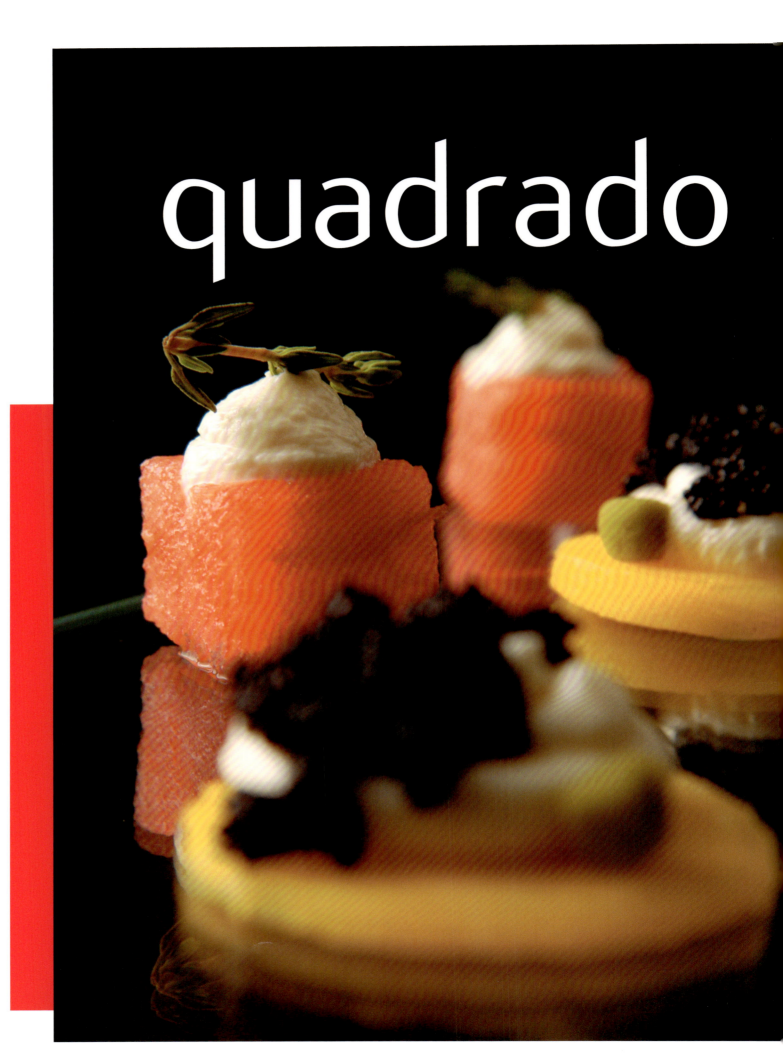

de melancia
com queijo de cabra e tomilho fresco

Separe 10 pontas de ramos de tomilho, preferencialmente os com coloração verde-clara e hastes flexíveis.

Corte uma fatia larga de melancia e retire os caroços. Faça pequenos quadrados de 1cm e retire o miolo cuidadosamente com o auxílio de 1 colher de café.

Bata com um garfo o queijo de cabra com um pouco de azeite ou, se preferir, use o processador e tempere com pimenta-branca e sal.

Preencha cada melancia com o queijo de cabra e cubra com o tomilho.

Utensílio necessário: processador de alimentos.

Para 10 Porções

10 ramos de tomilho fresco
200g de melancia
(1 fatia sem caroços, bem escolhida)
150g de queijo de cabra fresco
azeite extravirgem a gosto
pimenta-branca a gosto
sal a gosto

discos

Para 10 Unidades

1 manga verde
250g de cream cheese
sal e pimenta-do-reino a gosto
20g de wasabi (ou a gosto)
80g de ovas negras

canapés 75

de manga
com ovas negras e wasabi

Fatie a manga e corte discos de aproximadamente 2cm de diâmetro. Tempere o cream cheese com sal e pimenta-do-reino. Misture o wasabi com água até formar uma pasta consistente.

Sobre cada disco de manga coloque um pouco de cream cheese, um quadradinho de wasabi e cubra com 1 colher de ovas negras.

abacaxi grelhado
em crosta de especiarias

Corte as fatias de abacaxi em triângulos com base de 1cm.

Derreta a manteiga em uma frigideira e doure os triângulos de abacaxi salpicados com o mix de especiarias. Deixe esfriar.

Corte o queijo gouda em pequenos quadrados de 1cm.

Sobre cada quadrado de queijo espete um triângulo de abacaxi e sirva frio.

e queijo gouda

78 aquim

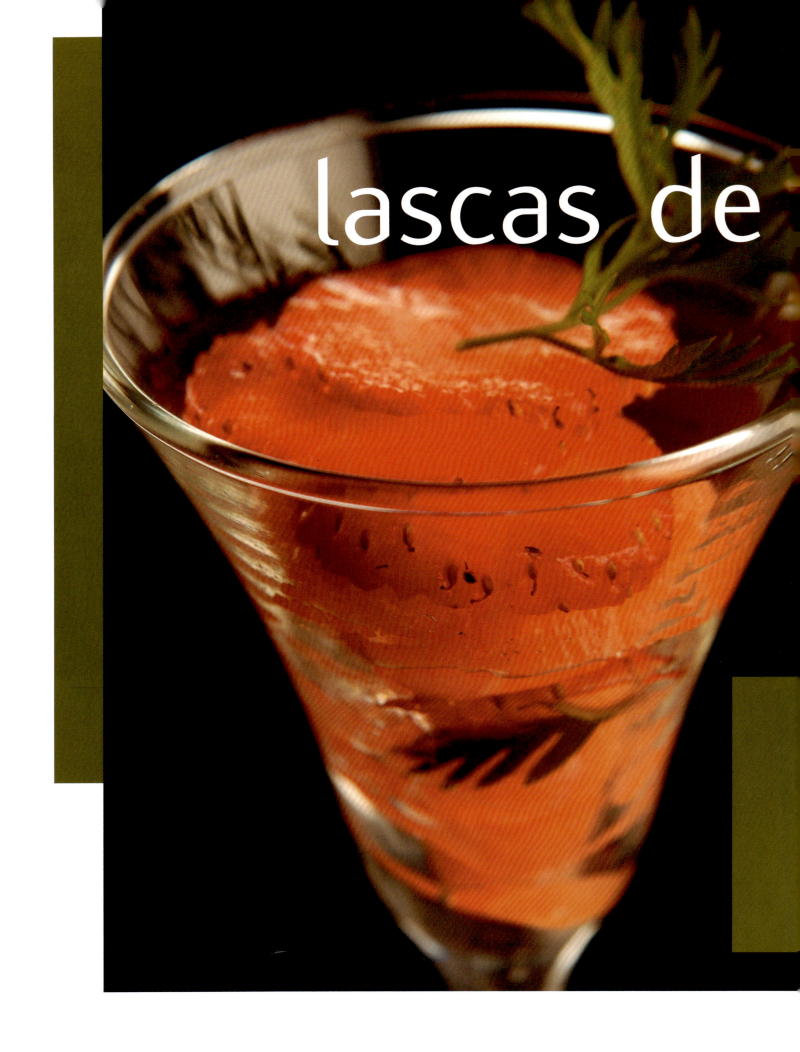

lascas de

morango
com salmão defumado e vinagrete de framboesa

Prepare um vinagrete com o vinagre de framboesa e 140ml de azeite extravirgem.

Tempere as tiras de salmão com o vinagrete.

Faça uma montagem entremeando tiras de salmão com as lascas de morango.

Cubra com um fio de azeite extravirgem.

Para 10 Porções

50ml de suco de acerola misturado com 30ml de água
50ml de suco de maracujá misturado com 30ml de água
sal e pimenta-do-reino a gosto
2 a 3 colheres de chá de vinagre de vinho branco por suco
15g de gelatina em pó por suco
10 ostras frescas
2 limões-sicilianos

Prepare cada suco acrescentando a quantidade de água indicada, tempere com sal e pimenta-do-reino e adicione o vinagre. Para cada suco, acrescente 15g de gelatina. Coloque cada suco em um recipiente raso com altura de 0,5cm e leve à geladeira. Quando estiver pronta, corte a gelatina em pequenos cubos. Sobre cada ostra, coloque 1 colher de chá de suco de limão-siciliano. **Cubra com cubos de gelatina.**

ostras
com gelée versão exotique

canapés 81

cone
de foie gras

...ção ácida de tamarindo

Passe o foie gras no processador com o conhaque e tempere com sal e pimenta-branca. Resfrie um pouco a mistura e faça pequenos cones com a ajuda do saco de confeiteiro. Reserve no refrigerador. Em uma frigideira, esquente o coco ralado e acrescente o mix de especiarias com o açúcar refinado e o mascavo. Mexa constantemente até caramelizar* e deixe esfriar sobre uma bancada de mármore. Leve a polpa de tamarindo ao fogo baixo até reduzir* pela metade. Nesta redução, acrescente o azeite e o vinagre e retifique o tempero.

Cubra cada cone com um pouco do coco caramelado e sirva com a redução ácida de tamarindo.

Utensílios necessários: processador de alimentos, saco de confeiteiro.

Para 10 Porções

400g de foie gras
30ml de conhaque
sal e pimenta-branca a gosto
200g de coco seco ralado
mix de noz-moscada, canela, cravo e pimenta-do-reino

30g de açúcar refinado
30g de açúcar mascavo fino
60ml de polpa de tamarindo
80ml de azeite extravirgem
20ml de vinagre de vinho branco

penne rigate,
coalhada seca e pesto

Tempere a coalhada com azeite, sal, pimenta-doce e 15g de zatar.

Recheie cada penne rigate com a coalhada temperada e reserve na geladeira.

Bata no liqüidificador o alho, a salsinha, a snalba e o queijo pecorino com o azeite e o restante da zatar.

Sirva os pennes recheados cobertos com o pesto de salsinha fresca e zatar.

Corrija o tempero com sal e pimenta-do-reino.

Utensílio necessário: liqüidificador.

de salsinha com zatar

Para 4 Porções

- 500ml de leite integral
- 3 chuchus médios inteiros
- 2 abobrinhas médias inteiras
- 90g de gengibre fresco
- 10g de pimenta-do-reino em grão
- 30g de creme de leite fresco
- 4 camarões VG
- sal e pimenta-do-reino branca a gosto
- 1 cebola pequena picada
- 40g de manteiga com sal
- 60ml de azeite extravirgem
- gergelim preto

camarão
com chuchu e

Em uma panela em fogo médio, coloque o leite com 1 chuchu e a abobrinha cortados em cubos de 2cm, o gengibre cortado em cubos de 1cm, os grãos de pimenta e deixe no fogo por 30 minutos sem levantar ebulição. Acrescente o creme de leite e deixe no fogo por mais 5 minutos. Tempere o camarão com sal e pimenta-branca.

Doure a cebola na manteiga e salteie* o camarão. Reserve. Corte o chuchu em fatias finas com a ajuda de um mandolim.*

Tempere as fatias de chuchu com azeite, sal e pimenta. Salpique gergelim preto e leve à geladeira.

Coe o leite e bata com um batedor até formar uma espuma.

Disponha em um prato o chuchu ainda fresco com o camarão e a espuma quentes.

de gengibre

risoto de abóbora

com carne-seca e crocante de jiló

Em uma panela em fogo médio, coloque a abóbora com o caldo de galinha e deixe cozinhar por 15 minutos.

Em outra panela, doure a cebola picada em 30g de manteiga até ficar totalmente translúcida. Acrescente o arroz e mexa até que ele fique todo quente.

Adicione a cachaça e deixe evaporar por completo.

Acrescente o caldo de galinha com os cubos de abóbora, aos poucos, cozinhando lentamente.

Em outra panela, doure as lascas de cebola em 30g de manteiga, acrescente a carne-seca e cozinhe em fogo baixo. Reserve. Quando o arroz estiver pronto, tire do fogo e misture fortemente o restante da manteiga com um fio de azeite trufado. Misture com a carne-seca temperada. Frite o jiló em azeite quente.

Sirva o risoto em um prato fundo e use a fatia de jiló como decoração.

Para 4 Porções

- 280g de abóbora cortada em cubos
- 600ml de caldo de galinha
- 2 cebolas médias (1 picada e 1 cortada em lascas)
- 100g de manteiga com sal
- 200g de arroz carnarolli
- 80ml de cachaça
- 240g de carne-seca desfiada
- 30ml de azeite trufado
- 1 jiló cortado em fatias finas
- 150ml de azeite extravirgem

alcachofra
em três versões

Para 4 Porções

16 alcachofras cozidas
2 echalotes pequenas picadas
20g de manteiga sem sal
sal e pimenta-branca a gosto
noz-moscada a gosto
30g de creme de leite fresco
60g de purê de goiaba
25g de açúcar
60g de vinagre de arroz
100ml de vinho branco
200ml de caldo de legumes
azeite extravirgem a gosto

Reserve 6 alcachofras (escolha as mais bonitas) e triture as 10 restantes em um processador. Em uma panela, doure as echalotes na manteiga até ficarem totalmente translúcidas. Acrescente a alcachofra triturada e cozinhe em fogo baixo. Tempere com sal, pimenta-branca e noz-moscada. Acrescente o creme de leite e bata vigorosamente. Recheie 4 alcachofras com esse purê e reserve.

Em uma panela, reduza* o purê de goiaba à metade, acrescente o açúcar e mexa até dissolver. Adicione o vinagre e misture bem. Junte o vinho branco e deixe reduzir à metade. Acrescente o caldo de legumes e deixe reduzir novamente. Reserve. Corte as 2 alcachofras restantes em lascas compridas, tempere com sal e pimenta e frite em azeite extravirgem.

Sirva as alcachofras recheadas com as fatias de alcachofra frita e o agridoce de goiaba.

Utensílio necessário: processador de alimentos.

carpaccio
de vieira com legumes verdes e redução de balsâmico

Corte as vieiras em fatias finas, aproximadamente 4 fatias por vieira, tempere com sal, pimenta e um fio de azeite.

Em uma frigideira, cozinhe cada legume al dente,* em separado, com 150ml de caldo de legumes.

Misture todos os legumes cozidos e tempere com azeite, sal e pimenta. Reserve.

Leve o vinagre balsâmico ao fogo baixo e deixe reduzir* à metade.

Sirva as vieiras com uma boa quantidade de legumes verdes e a redução de vinagre balsâmico ainda morna.

sopa de cogumelos
com pérolas de tapioca

Em uma panela, coloque o sagu com o funghi, o molho shoyo e cubra com água, deixe cozinhar em fogo baixo. Em outra panela, doure a cebola na manteiga até que ela fique translúcida e acrescente os demais cogumelos. Tempere com sal e pimenta e deixe cozinhar por completo. Acrescente o caldo de carne e deixe em fogo baixo por 15 minutos. Junte o creme de leite e deixe reduzir* até tomar uma boa consistência. Bata no liqüidificador e retifique o tempero.

Sirva quente com 1 colher de tapioca e um pedaço de funghi secchi.

Utensílio necessário: liqüidificador.

Para 4 Porções

- 60g de sagu
- 40g de funghi secchi ou 4 pedaços
- 1 colher de shoyo
- 1 cebola média
- 70g de manteiga com sal
- 80g de shiitake fresco cortados em lascas
- 80g de heritake cortados em lascas
- 80g de portobello cortados em lascas
- 80g de cogumelo-de-paris cortados em lascas
- sal e pimenta-do-reino a gosto
- 600ml de caldo de carne
- 200g de creme de leite fresco

ravióli

Para 4 Porções

- 8 folhas de won ton
- 160g de purê de abóbora
- 1 cebola média picada
- páprica doce e picante a gosto
- 40g de manteiga com sal
- 4 lagostins
- sal e pimenta-do-reino a gosto
- 1 cenoura cortada em cubos
- 1 salsão cortado em cubos
- 1 folha de louro
- 200ml de vinho branco
- 80g de creme de leite

de abóbora
com lagostim e seu molho

Recheie uma folha de won ton com o purê de abóbora e cubra com outra folha de won ton. Passe água nas bordas e pressione-as para que grudem. Repita a operação com as demais folhas, cozinhe em água fervendo e reserve. Murche a cebola na manteiga com uma pitada de páprica picante e acrescente as caudas de lagostim. Tempere com sal e pimenta a gosto. Cozinhe rapidamente e retire. Na mesma panela, coloque os legumes e deixe dourar com louro. Acrescente as cabeças dos lagostins e mexa por 4 minutos. Adicione o vinho, deixe reduzir,* complete com água e deixe ferver por 30 minutos. Passe em uma peneira fina e volte ao fogo baixo até reduzir à metade. Acrescente o creme de leite e reduza novamente. Reserve.

Sirva a cauda do lagostim com o ravióli de won ton recheado e o molho do próprio lagostim.

codorna crocante,
purê de banana e pistou

Preparo do purê de banana: Corte as bananas em rodelas e leve ao fogo médio com a manteiga. Quando a banana estiver completamente cozida acrescente 1/2 copo de caldo de legumes e misture bem. Deixe em fogo baixo até secar, acrescente 1 colher de creme de leite e misture novamente, retifique o tempero e reserve.

Preparo da codorna crocante: Bata no liqüidificador o alho, o coentro, o queijo pecorino com 150ml de azeite extravirgem e reserve. Limpe as coxas de codorna e tempere com sal e pimenta-branca. Passe na farinha de trigo, no ovo e na farinha de rosca. Frite no restante do azeite.

Sirva as codornas acompanhadas do purê de banana e com o pistou de coentro.

Utensílio necessário: liqüidificador.

de coentro

Para 4 Porções

Para o purê de banana:

5 bananas
40g de manteiga
100ml de caldo de legumes
15g de creme de leite

Para a codorna crocante:

3 dentes de alho
40 folhas de coentro
70g de queijo pecorino
350ml de azeite extravirgem
18 coxas de codorna
sal e pimenta-branca a gosto
sal e pimenta-do-reino a gosto
150g de farinha de trigo
1 ovo batido
farinha de rosca para empanar

montagem de queijo de cabra
com nozes e abóbora

Disponha as fatias de abóbora em uma assadeira e polvilhe sal, pimenta, canela, noz-moscada e cravo e cubra com um fio de azeite. Asse em forno baixo e reserve. Misture a farinha de rosca com a manteiga e as nozes picadas e coloque no fundo de uma outra assadeira. Em um processador, misture o queijo de cabra com o cream cheese até formar uma pasta uniforme. Acrescente a farinha, a cebola, o ovo e o creme de leite. Tempere com sal e pimenta-branca. Coloque sobre a crosta de nozes e farinha de rosca, entremeando com fatias de abóbora e especiarias, e cozinhe em forno médio por 30 minutos. Deixe esfriar antes de cortar. **Sirva cada pedaço acompanhado de um pouco de vinagrete balsâmico.**
Utensílios necessários: 2 assadeiras, processador de alimentos.

em crosta aromática

Para 4 Porções

- 100g de abóbora em fatias finas
- sal a gosto
- pimenta-do-reino a gosto
- canela em pó a gosto
- noz-moscada em pó a gosto
- cravo em pó a gosto
- azeite extravirgem a gosto
- 15g de farinha de rosca
- 5g de manteiga
- 20g de nozes picadas
- 80g de queijo de cabra fresco
- 120g de cream cheese
- 10g de farinha de trigo
- 1 cebola média picada
- 1 ovo
- 15g de creme de leite fresco
- pimenta-branca a gosto
- vinagre balsâmico a gosto

mel, marmelo e

Para 4 Porções

- 4 peitos de pato
- sal
- pimenta-do-reino a gosto
- canela a gosto
- 160ml de mel de eucalipto
- 40g de manteiga com sal
- 2 marmelos grandes fatiados
- noz-moscada a gosto
- cravo em pó a gosto
- 160g de folha de manjericão roxo
- azeite extravirgem a gosto
- suco de 1/2 limão-siciliano

magret de pato,
salada de manjericão roxo

Faça pequenos cortes na gordura do peito do pato e tempere o lado oposto com sal, pimenta e canela. Esquente a frigideira, coloque o peito do pato com a gordura para baixo e deixe cozinhar por 4 minutos, vire-o, cubra com o mel e termine o cozimento.
Na mesma panela, derreta a manteiga e passe as fatias de marmelo temperadas com sal, pimenta, noz-moscada e cravo.

Sirva o pato acompanhado do marmelo e com as folhas de manjericão temperadas com azeite, sal, pimenta e suco de limão-siciliano.

carré de cordeiro
com seu próprio molho e risoto de abiu

Preparo do carré: Faça uma marinada* com o salsão, o alecrim, a cenoura, o alho-porro picados em cubos de 2cm, o alho, as folhas de louro, o vinho e a cebola. Ponha os carrés de molho por 4 horas. Coloque o cordeiro numa assadeira e asse no forno médio-alto por 8 minutos e, em seguida, no forno médio por mais 25 minutos ou até estar macio. Reserve com a marinada. Passe o caldo do cozimento em uma peneira fina e leve ao fogo médio até reduzir* à metade.

Acrescente o demi-glace e deixe reduzir até tomar consistência, retifique o tempero e reserve.

Para 4 Porções

Para o carré

- 1 salsão
- alecrim fresco
- 1 cenoura média
- 1 alho-porro
- 4 dentes de alho
- 2 folhas de louro
- 320ml de vinho branco
- 2 cebolas médias
- 4 carrés de cordeiro
- 250ml de molho demi-glace

pratos principais 105

Preparo do risoto de abiu: Em uma panela, em fogo médio, coloque o abiu com o caldo de legumes e deixe cozinhar por 10 minutos. Em outra panela, doure a cebola em 30g de manteiga até ficar totalmente translúcida. Acrescente o arroz e mexa até que ele fique todo quente.

Junte o vinho e deixe evaporar por completo. Acrescente, aos poucos, deixando cozinhar lentamente, o caldo de legumes com os pedaços de abiu, até o arroz ficar cozido (aproximadamente 20 ou 30 minutos). Quando o arroz estiver pronto, tire do fogo e misture fortemente o restante da manteiga com o azeite e o queijo pecorino.

Antes de servir, aqueça o carré com um pouco do próprio molho. Sirva o carré de cordeiro com o risoto de abiu.

Utensílio necessário: assadeira.

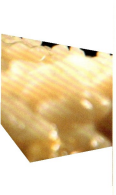

Para o risoto de abiu

20 abius cortados em pedaços
600ml de caldo de legumes
1 cebola média picada
100g de manteiga com sal
200g de arroz carnarolli
80ml de vinho branco
30ml de azeite extravirgem
80g de queijo pecorino

coelho com beterraba
e purê de feijão-vermelho

Passe o coelho na farinha temperada com sal e pimenta-do-reino e leve ao fogo médio com o azeite. Quando estiver dourado, retire da panela e reserve. Retire o excesso de gordura e coloque, na mesma caçarola, a cebola, o cravo, a canela, o salsão, o alho-porro e a cenoura, cortados em cubos de 2cm, com as folhas de louro e refogue até murchar. Volte com os pedaços de coelho para a panela, acrescente as ervas frescas e o vinho e deixe ferver. Leve a caçarola ao forno alto por aproximadamente 1 hora ou até o coelho ficar macio.

Faça um purê com o feijão-vermelho usando um espremedor e volte com ele para a panela. Com o auxílio de um batedor, acrescente 50g de manteiga e misture bem até obter uma consistência cremosa. Recheie as rodelas de beterraba, previamente temperadas com azeite trufado, sal e pimenta-do-reino. Coe o caldo do cozimento do coelho e leve ao fogo médio até reduzir* e ganhar consistência. **Sirva o coelho com seu molho e as fatias de beterraba recheadas com o purê de feijão-vermelho.**

Utensílios necessários: espremedor, batedor.

pratos principais 107

Para 4 Porções

4 peças de coelho
500g de farinha de trigo para empanar
sal e pimenta-do-reino a gosto
80ml de azeite extravirgem
1 cebola média
4 cravos
1 pau de canela
1 salsão
1 alho-porro
1 cenoura
2 folhas de louro
8g de tomilho fresco
5g de sálvia fresca
5g de orégano fresco
1 litro de vinho branco seco
2 beterrabas médias cozidas al dente*
cortadas em rodelas
azeite de trufas negras a gosto
300g de feijão-vermelho cozido
50g de manteiga
8 grãos de pimenta-do-reino

Mignon,
e grão-de-bico em

Para 4 Porções

- 4 medalhões de filé mignon
- sal e pimenta-do-reino a gosto
- 400g de grão-de-bico cozido al dente*
- 40g de caldo de legumes
- 40g de creme de leite fresco
- 110g de manteiga com sal
- 2 pimentões vermelhos
- 1 cebola média picada
- 1 dente de alho
- 200g de farinha de mandioca

duas versões coulis de pimentão vermelho

Tempere os medalhões de filé mignon com sal e pimenta, reserve e deixe para grelhar na hora de servir. Coloque 300g de grão-de-bico para terminar o cozimento com o caldo de legumes. Quando estiver bem cozido, bata tudo no liqüidificador e volte para a panela. Acrescente o creme de leite e a manteiga. Tempere com sal e pimenta e reserve. No processador ou com uma faca, triture o restante do grão-de-bico e reserve. Passe os pimentões em fogo alto até queimar a pele. Deixe esfriar e retire a pele e os caroços. Bata no liqüidificador com um pouco de caldo de legumes. Tempere e reserve este coulis. Em uma panela, doure a cebola no restante da manteiga e acrescente o alho, junte a farinha de mandioca e o grão-de-bico triturado, mexa até cozinhar a farinha.

Sirva o mignon grelhado com o purê de grão-de-bico e sua farofa, complete o prato com um fio do coulis de pimentão vermelho.

Utensílios necessários: processador de alimentos, liqüidificador.

Para 4 Porções

Para o ossobuco

- 4 ossobucos
- 500g de farinha de trigo
- sal a gosto
- pimenta-do-reino a gosto
- pimenta-doce a gosto
- 80ml de azeite extravirgem
- 1 dente de alho
- 1 cenoura
- 1 folha de louro
- 4 unidades de alecrim fresco
- 400ml de vinho branco
- 800ml de caldo de carne

pratos principais 111

Preparo do ossobuco: Passe o ossobuco na farinha de trigo temperada com sal, pimenta-do-reino e pimenta-doce. Leve ao fogo médio com o azeite. Quando estiver dourado, retire da panela e reserve. Na mesma panela, acrescente o alho, a cenoura, o louro e o alecrim e cozinhe até murchar. Volte com o ossobuco para a panela, acrescente o vinho branco e deixe reduzir* à metade. Acrescente o caldo de carne fervente e deixe cozinhar por cerca de 2 horas ou até estar bem macio. Passe o caldo do cozimento do ossobuco por uma peneira fina, leve ao fogo e deixe reduzir à metade.

Sirva o ossobuco com um pouco dos legumes coados, o seu molho e os chips de inhame.

ossobuco
e chips de inhame com alecrim

Preparo dos chips de inhame: Corte o inhame em rodelas médias e tempere com sal e noz-moscada. Passe na farinha de trigo misturada com o alecrim picado, no ovo e na farinha de rosca e frite no azeite.

Utensílio necessário: peneira fina.

Para os chips de inhame

4 inhames cozidos
sal a gosto
noz-moscada a gosto
farinha de trigo para empanar
10g de alecrim picado
1 ovo batido
farinha de rosca para empanar
150ml de azeite

shiitake, shimeji e

bacalhau fresco,
crocante de batata-doce

Tempere o bacalhau com sal, pimenta-branca e os grãos de coentro moídos. Coloque em uma frigideira com um fio de azeite e cozinhe por uns 5 minutos. Vire e cozinhe por mais 4 minutos. Doure a cebola na manteiga e um fio de óleo de amêndoas, acrescente os cogumelos e deixe cozinhar. Tempere com sal e pimenta-do-reino a gosto. Retire os cogumelos, deglace* a panela com o vinho e deixe reduzir.* Seque as cascas da batata, tempere com sal, pimenta-do-reino e canela e frite no azeite.

Sirva com o bacalhau acompanhado dos cogumelos e com seu molho.

atum
em óleo de gergelim, ervilha fresca e molho de ostra

Tempere o atum com gengibre, pimenta-branca e pimenta-doce e passe na frigideira com um pouco de azeite extravirgem e óleo de gergelim. Cozinhe a vagem no caldo de legumes e tempere em seguida com o restante do azeite extravirgem, sal e pimenta-do-reino. Disponha os bastões de atum com a vagem temperada.

Sirva com o molho de ostra aquecido.

Para 4 Porções

- 12 bastões de filé de atum com 60g cada
- 20g de gengibre picado
- pimenta-branca a gosto
- pimenta-doce a gosto
- 50ml de azeite extravirgem
- 10ml de óleo de gergelim
- 200g de vagem fresca
- 400ml de caldo de legumes
- sal a gosto
- pimenta-do-reino a gosto
- 40ml de molho de ostra

entrecôte de vitelo
com palmito

Tempere a carne com sal, pimenta e canela. Com o barbante, amarre o entrecôte como se fosse um rosbife.

Numa panela com azeite bem quente, doure a carne até formar uma crosta e, em seguida, asse em forno alto por 20 minutos. Retire e deixe descansar por alguns minutos. Branqueie* as folhas de espinafre no caldo de legumes e tempere com azeite, sal e pimenta-do-reino. Passe as rodelas do palmito no mix de temperos. Leve ao fogo médio em uma frigideira com azeite por 1 minuto.

Corte a carne em fatias finas e sirva com as rodelas de palmito pupunha e as folhas de espinafre.

Utensílios necessários: barbante, assadeira.

pupunha e folha de espinafre

Para 4 Porções

800g de entrecôte

sal a gosto

pimenta-do-reino a gosto

canela a gosto

150ml de azeite extravirgem

16 folhas de espinafre jovem

300ml de caldo de legumes

12 fatias de palmito pupunha assado

mix de pimenta-do-reino, noz-moscada, pimenta-doce e cravo em pó

discos de chocolate
com ganache de Nega Fulô e banana caramelada

Tempere* 300g de chocolate e forme discos de aproximadamente 6cm de diâmetro. Reserve. Aqueça o creme de leite com a glucose e coloque sobre o restante do chocolate. Mexa delicadamente e acrescente a cachaça. Reserve. Numa frigideira, caramelize* a banana com manteiga e açúcar. Deglace* a frigideira com o mel e utilize como calda para decorar o prato.

Sirva os discos de chocolate entremeados pela ganache de chocolate e as lascas de banana caramelada.

savarin de frutas
com chantilly de especiarias
e coulis de framboesa

Faça uma calda com 300ml de água e 200g de açúcar, acrescente a gelatina em pó e a água de rosas e deixe esfriar à temperatura ambiente. Em outra panela, ferva 50g de framboesa com 30g de açúcar e 10ml de água, deixe reduzir* um pouco. Triture no processador ou no liqüidificador todos os ingredientes e reserve. Disponha o restante das frutas em formas individuais e cubra com a gelatina. Leve à geladeira para endurecer. Bater na batedeira o creme de leite fresco com o restante do açúcar e as especiarias. Sirva os savarins cobertos com o creme de leite montado e decore com as folhas de menta.

Utensílios necessários: processador de alimentos ou liqüidificador, batedeira.

sobremesas 121

vermelhas

Para 4 Porções

310ml de água

300g de açúcar

10g de gelatina em pó diluída em 40ml de água

30ml de água de rosas

140g de framboesa

60g de morango

50g de groselha

160g de creme de leite fresco

5g de pimenta-do-reino

5g de noz-moscada

3g de canela

3g de cravo

4 folhas de menta fresca

Para 4 Porções

240ml de leite
510g de creme de leite fresco
10g de gengibre ralado
9 gemas
150g de açúcar
30g de canela em pó
2 grãos de pimenta do reino
40g de coco ralado

sobremesas 123

trio crème brûlée

Aqueça 80ml de leite com 170g de creme de leite e o gengibre, deixe em infusão por 15 minutos. Bata 3 gemas com 50g de açúcar e incorpore a essa mistura de creme de leite coada (sem gengibre ralado). Coe novamente e distribua nos ramequins. Leve ao forno baixo por 10 minutos.

Repita a operação, desta vez substituindo o gengibre pela canela e a pimenta. Por último, repita a mesma operação substituindo o gengibre pelo coco. Antes de servir, abra cada ramequim com uma camada de açúcar e caramelize* com o auxílio de um maçarico.

Sirva uma porção de cada crème brûlée por pessoa.

Utensílios necessários: 4 ramequins, maçarico.

quenelles
de mel e romã fresca

Bata as gemas com o açúcar. Aqueça o leite com as romãs e 60g de mel. Coe essa mistura sobre as gemas batidas e volte com o preparo para a panela, cozinhando em fogo baixo, sem levantar fervura, até obter consistência. Quando estiver morno, acrescente a gelatina e deixe esfriar à temperatura ambiente. Misture o restante do mel com a água e o uísque e embeba as fatias de pão. Bata o creme de leite e incorpore à mistura anterior, dispondo nas formas. Cubra com uma fatia de pão Volkorn.

Leve ao congelador para tomar forma e sirva acompanhado de grãos de romã.

Utensílios necessários: 4 formas de alumínio de 5cm ou menor.

Para 4 Porções

- 4 gemas
- 60g de açúcar
- 500ml de leite
- 2 romãs cortadas (só a polpa)
- 80g de mel
- 15g de gelatina dissolvida em 60ml de água
- 40ml de água morna
- 10ml de uísque
- 8 fatias do pão alemão integral Vollkorn
- 225g de creme de leite

montagem de
caju com queijo de coalho

Grelhe as tiras de queijo. Lave os cajus, retire a castanha e a casca e corte a extremidade. Depois, corte em pedaços uniformes e reserve. Ferva 450ml de água com o suco de limão e acrescente o caju. Deixe ferver por 10 minutos. Escorra e reserve os cajus e a água da fervura.

Ferva o açúcar com o restante da água e a gota de limão. Acrescente os cajus um a um, sem interromper a fervura e mantendo o fogo brando. Adicione metade da água da fervura reservada e cozinhe por 1 hora e 30 minutos. Retire os cajus e deixe esfriar. Depois triture no processador todos juntos e incorpore o creme de leite batido.

Monte cada sobremesa entremeando tirinhas de queijo de coalho com lascas de caju fresco e o creme de caju com creme de leite.

Utensílio necessário: processador de alimentos.

Biscoito de amêndoas,
compota de caqui e chocolate branco

Para o biscoito de amêndoas: Misture as claras com o açúcar e a farinha de amêndoas, leve ao fogo baixo (ou banho-maria*) até esquentar. Acrescente as amêndoas picadas e distribua a massa em formas untadas com manteiga derretida. Deixe a massa descansar na geladeira por cerca de 20 minutos. Asse em forno médio por aproximadamente 15 minutos. Depois de frios, recheie com a compota de caqui.

Preparo da compota de caqui: Coloque os caquis descascados em uma panela e cubra com água fria. Acrescente o açúcar e os cravos. Leve ao fogo baixo até obter consistência. Retire do fogo e deixe esfriar. Retire os cravos e passe tudo em um multiprocessador.

Preparo da calda de chocolate: Aqueça o creme de leite com a glucose. Quando levantar fervura coloque sobre o chocolate branco e mexa até obter uma pasta homogênea. Cubra cada montagem de biscoito de amêndoas e caqui com esta calda.

Para decorar, use uma meia-lua de caqui.

Utensílios necessários: 4 forminhas, multiprocessador.

Para 4 Porções

Para o biscoito de amêndoas

150g de clara

210g de açúcar refinado

210g de farinha de amêndoas

10g de amêndoas picadas

Para a compota de caqui

12 caquis maduros descascados

300g de açúcar

2 cravos

Para a calda de chocolate

100g de creme de leite fresco

5g de glucose de milho

200g de chocolate branco

1 caqui para decorar

petit gateau
de chocolate

branco, iogurte e abacaxi seco

Preparo do iogurte e do abacaxi: Bata manualmente o iogurte com 20g de açúcar e coloque em 4 forminhas de gelo e leve ao freezer até endurecer. Ferva a água com o restante do açúcar e a pimenta-branca. Coe e reserve.

Sobre uma assadeira coloque uma folha de papel-manteiga e disponha as fatias de abacaxi. Cubra com um fina camada de calda de açúcar e leve ao forno bem baixo. Deixe por aproximadamente de 1h e 30 minutos a 2 horas e vire. Cubra com uma nova camada fina de calda e volte ao forno baixo. Repita esta operação até o abacaxi secar.

Preparo do petit gateau: Unte as forminhas com manteiga e polvilhe com farinha. Bata as claras em neve com metade do açúcar e as gemas com a outra metade. Derreta o chocolate em banho-maria* e acrescente a manteiga e as gemas batidas. Acrescente a farinha e incorpore as claras em neve. Disponha a massa nas forminhas e inclua uma bolinha do iogurte congelado.

Leve ao forno médio por 30 minutos.

Sirva coberto por uma fina camada de calda de açúcar e com uma fatia do abacaxi seco.

Utensílios necessários: assadeira, papel-manteiga, 4 forminhas do mesmo tamanho, batedeira.

Para 4 Porções

Para o iogurte e o abacaxi seco
- 40g de iogurte
- 70g de açúcar
- 100ml de água
- 5 grãos de pimenta-branca
- 4 fatias grossas de abacaxi

Para o petit gateau
- 90g de manteiga
- 30g de farinha de trigo
- 3 ovos
- 95g de açúcar
- 210g de chocolate branco

Para 4 Porções

600ml de água
200g de açúcar
1 fava de baunilha
gomos de 2 limões-sicilianos
gomos de 1 limão-galego
gomos de 1 tangerina
gomos de 1 laranja-lima
80g de coco em lâminas

Ferva a água com o açúcar e a baunilha cortada ao meio. Para obter todo o seu perfume, raspe o interior da baunilha e dissolva na água do cozimento. Deixe ferver por alguns minutos, até obter consistência. Em seguida, retire do fogo e coe. Reserve na geladeira. Disponha os gomos dos agrumes em 4 taças e cubra com a calda gelada. Em seguida, salpique as lâminas de coco e sirva ainda fresco.

Use a própria baunilha como decoração.

Utensílios necessários: coador, 4 taças.

de baunilha com agrumes e coco

quadrado de chocolate com

Para 4 Porções

Para o quadrado de chocolate

100g de manteiga pomada

175g de açúcar de confeiteiro

3 ovos

175g de farinha de trigo

45ml de leite integral

5g de fermento químico

15g de cacau em pó

50ml de café forte

20ml de água morna

20ml de Cointreau

Para o ganache

4 colheres de chá de café solúvel

120g de creme de leite fresco

10g de glucose

280g de chocolate amargo picado

20g de manteiga sem sal cortada em cubos

Para a calda de chocolate

120g de creme de leite

10g de mel

200g de chocolate amargo

1 folha de louro para decorar

4 castanhas-do-pará carameladas

café extraforte e Cointreau

Preparo do quadrado de chocolate: Bata a manteiga com o açúcar até obter uma massa leve. Acrescente os ovos, a farinha, o leite, o fermento e o cacau. Leve a massa para assar em fogo médio (de 30 a 40 minutos ou até estar assado) numa assadeira retangular untada com manteiga e polvilhada com farinha. Depois de assado deixe esfriar e corte 12 quadrados de tamanho igual. Misture o café forte com a água morna e o Cointreau. Molhe cada quadrado de bolo com esta mistura e reserve.

Preparo da ganache: Dissolva o café solúvel no creme de leite e ferva com a glucose. Despeje a mistura sobre o chocolate e acrescente à manteiga sem sal em cubos. Misture delicadamente até obter uma mistura homogênea. Monte a sobremesa entremeando camadas do bolo com a ganache. Finalize com uma camada do bolo, reserve na geladeira. Preparo da calda de chocolate: Ferva o creme de leite com o mel e despeje sobre o chocolate picado. Quando a massa estiver homogênea, coloque sobre cada bolinho montado e mantenha na geladeira até o momento de servir.

Decore com uma folha de louro e com uma castanha-do-pará caramelada.

Utensílios necessários: batedeira, assadeira retangular.

Bombom
de chocolate amargo e chá verde e

Ferva em fogo baixo as frutas cítricas com as cascas de laranja e limão, mais 45g de açúcar e o vinho moscatel por 10 minutos. Acrescente o açúcar restante e deixe ferver por mais 8 minutos. Coloque mais um pouco de açúcar ou de água caso resseque. Deixe esfriar e triture tudo até formar uma pasta. Ferva o creme de leite com os sachês de chá verde e jogue sobre o chocolate com a manteiga. Misture delicadamente até formar uma pasta homogênea.

bombom de chocolate amargo com frutas cítricas

Tempere* o chocolate extra-amargo e cubra as forminhas. Leve à geladeira até endurecer, retire e recheie metade com a ganache de chá verde e a outra metade com a compota de frutas cítricas. Preencha com o chocolate e leve à geladeira.

Utensílios necessários: forminhas específicas para chocolate em qualque formato, processador de alimentos.

tartelete de laranja
com canela e tartelete de chocolate com damasco seco

Peneire a farinha com o sal e 30g de açúcar e acrescente a manteiga. Misture bem. Acrescente o ovo e a água e misture até formar uma massa lisa. Divida a massa em duas e, a uma das partes, acrescente o cacau e misture bem. Deixe a massa resfriar por 30 minutos. Nas formas untadas e enfarinhadas, coloque as duas massas (a pura e a com cacau) e cubra com grãos de feijão. Leve ao forno médio-alto por 20 minutos, retire e reserve.

Bata os ovos com 35g de açúcar. Esquente o suco de laranja com a manteiga, o restante de açúcar e a canela e jogue sobre as gemas batidas. Volte a mistura para panela e mexa sem parar até obter consistência. Deixe esfriar, preencha as tarteletes de massa pura e polvilhe com canela. Sirva em seguida.

Ferva o damasco na água com o açúcar mascavo. Retire do fogo e bata no liqüidificador. Deixe esfriar e preencha as tarteletes com a massa de chocolate. Sirva em seguida.

Utensílios necessários: 40 formas para tarteletes, liqüidificador.

Para 40 Unidades

- 200g de farinha de trigo peneirada
- 10g de sal fino
- 75g de açúcar
- 100g de manteiga sem sal em cubos
- 1 ovo
- 10ml de água
- 40g de cacau em pó amargo
- 2 ovos
- 70g de açúcar
- 40ml de suco de laranja
- 50g de manteiga
- 10g de canela
- 30g de damasco seco
- 50ml de água quente
- 15g de açúcar mascavo
- 200g de feijão em grão
- canela para polvilhar

minibolinho de fubá
com limão-siciliano e cardamomo

Aqueça o forno a uma temperatura média-alta. Unte com manteiga e enfarinhe as formas.

Bata a manteiga com o açúcar até formar um creme leve; acrescente as raspas de limão, a essência de baunilha e o cardamomo.

Incorpore os ovos e bata novamente, adicione os demais ingredientes e misture até obter uma massa homogênea.

Leve ao forno por 20 a 30 minutos.

Utensílios necessários: formas em qualquer formato, untadas com manteiga e farinha de trigo.

Para 40 unidades

- 250g de manteiga sem sal
- 250g de açúcar
- 45g de raspa de casca de limão-siciliano
- 10ml de essência de baunilha
- 15g de cardamomo em pó
- 3 ovos
- 25ml de suco de limão-siciliano
- 230g de farinha de amêndoa
- 150g de fubá cozido
- 30g de farinha
- 10g de fermento químico em pó

plaquetas de chocolate
com castanha de

Aqueça as castanhas em uma panela em fogo médio, acrescente o açúcar com o cravo em pó e a pimenta-doce. Misture bem até caramelizar,* deixe esfriar espalhadas sobre uma bancada de mármore.

Tempere* o chocolate, forme pequenos discos com a ajuda de 1 colher, pingue pequenos discos de chocolate.

Coloque sobre cada disco uma castanha de caju caramelada ou duas sementes de pimenta-rosa. Resfrie.

Para 40 Unidades

20 castanhas do caju
30g de açúcar
5g de cravo em pó
10g de pimenta-doce
250g de chocolate extra-amargo
40 grãos de pimentas-rosa

caju caramelada e com pimenta-rosa

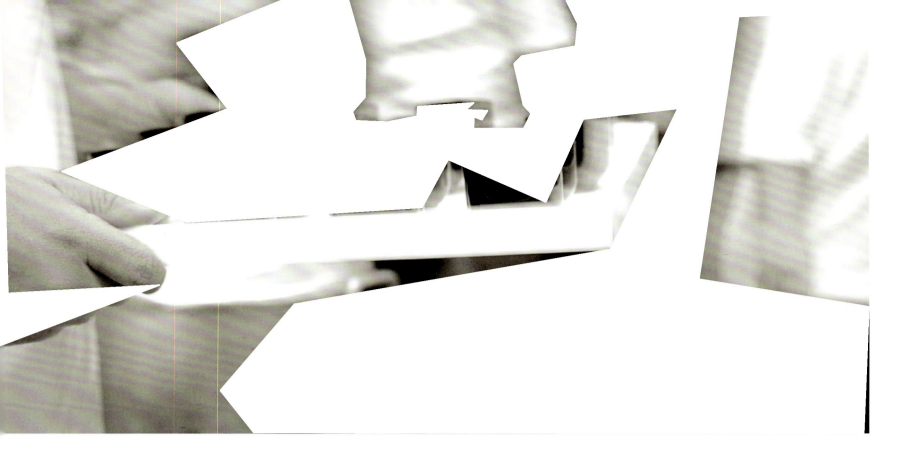

al dente
Ponto de cozimento em que a massa mantém a consistência, sem desmanchar-se.

branquear
Cozinhar rapidamente em água fervente.

caramelizar
Derreter o açúcar no fogo até que se torne uma calda escura e grossa. Também significa cobrir o fundo e as bordas de um recipiente com essa calda.

deglaçar
Fazer um fundo com o restante das carnes que ficam grudadas na panela ou utensílio usado para o cozimento, juntando um pouco de vinho, água ou outro líquido indicado na receita.

mandolim
Instrumento usado para laminar legumes, cortar em fatias finas.

marinada (marinar)

Deixar um alimento – em geral, carnes, aves ou peixes – de molho em marinada (vinha-d'alhos) para que fique mais macio e impregnado pelo molho. A marinada é um preparado de azeite, vinagre ou suco de limão, com sal ou vinho, ao qual se acrescentam vários temperos, como cebola, alho, louro e salsa.

reduzir

Diminuir a quantidade de líquido pela fervura até que este chegue ao ponto ideal.

saltear

Método de cozimento rápido, em que se faz uma breve fritura com o utensílio em movimento, de forma que o alimento não fique permanentemente em contato com o fundo da panela.

temperar o chocolate

Derreta o chocolate a 45ºC, volte a 28ºC e aqueça a 32ºC.

Conheça os títulos da Editora Senac Rio e prepare-se para embarcar numa deliciosa viagem! Em nosso cardápio, você encontrará uma grande variedade de livros, capazes de despertar a gula, o prazer, o interesse e a curiosidade dos leitores mais exigentes.
Preparados com a sabedoria e a experiência de grandes autores das áreas de gastronomia, turismo, moda, beleza, cultura, comunicação, tecnologia, responsabilidade social, desenvolvimento empresarial, entre outras.

Visite o *site* www.rj.senac.br/editora, escolha os títulos que mais te apetecem e faça da sua leitura um passatempo e um aprendizado inebriantes. Fique ligado nos nossos próximos lançamentos! Disque Senac: (21) 3138-1000.

Este livro foi composto nas fontes Rotis e Flux, em papel couché matte 150g/m², nas oficinas da Pancrom, para a Editora Senac Rio, em novembro de 2005.